知的生きかた文庫

孤独を楽しめる人こそ、人生うまくいく！

榎本博明

三笠書房

プロローグ

孤独を楽しむ——
そう思った瞬間、人生が変わる！

人間はそもそも、
だれもが孤独で、さびしがり屋

「だれも自分の本当の気持ちをわかってくれない……」

だれかに理解してもらい、共感してほしいのに、だれも自分のことをわかって
いない。そんなふうに感じたとき、

「人間って、ひとりぼっちなんだなあ」

「自分は孤独だなあ」

と、何だか不安な気持ちになったことはありませんか？

そう思うのは、あなただけではありません。実はみんなそんなふうに思っているのです。

結局、だれもが自分は少し人と違っていて、人からなかなかわかってもらえないと思っており、孤独を感じているのです。

ちょっと視点を変えてみましょう。あなたのことをわかってくれないと感じている相手が、友人や職場の同僚だとして、あなたはその友達や同僚の考えていることや感じていることが正確にわかりますか？

わかるわけがないですよね。

でも、相手の反応がいつもと違うと、「どうしたんだろう？」といぶかしがったり、「なんでそんな受けとめ方をするんだろう？」と不思議に思ったりということは、よくあるものです。

いくら考えても本当のところはよくわからない。結局、**他人のことはよくわからない**のです。

人にはそれぞれ個性があります。生育環境も違えば、積み重ねてきた経験も違う。能力も性格も違う。相手の思考回路や感情傾向と、自分の思考回路や感情傾向に違いがあって当然なのです。

あなたには親しい友人がいますか？

「自分には心から信頼できる友達がいない。さびしいけど友達がいなくてもかまわない。でも、さびしい人、孤独な人と見られるのはイヤだから、表面的なつきあいだけで親しさを装っている。まわりからはむしろ友人が多い人と思われているかもしれません」

こういう人も意外に沢山いるものです。

結局、人間はだれもがひとり。孤独を抱えている。そして、強がっていても人はみな、さびしがり屋なのです。

だったら、「自分をわかってくれる人がいない」といって心を重くしたり、孤独感に耐えられなくて自分をごまかすといったことにエネルギーを使うのではなく、「孤独」をプラスに転化しませんか？

SNSの進化により、沢山の人とつながる機会が増えましたが、人とのつながりにとらわれてばかりいると、心は不安定になり、エネルギーが枯れてきます。

孤独というのは、**「ありのままの自分」と静かに対峙し、自分を豊かにしてくれる〝崇高な時間〟**なのです。

そうした時間から、ぶれない自分、人生をより楽しめる自分ができ上がっていきます。

孤独は、心の再生エネルギーの役目を果たしてくれる大切なものなのです。

多くの人が「生きづらさ」を感じている

一方で、こんな経験はありませんか？

会食や飲み会のあと、みんなと別れて一人になったとたんに、ドッと疲れが出る。その場ではそれなりに楽しかったはずなのに、けっこう無理していたのかもしれないと感じる。

私たちはだれかと一緒にいるかぎり、気をつかわないわけにはいきません。どんなに仲のよい友人であっても、長時間一緒にいると、どうしても気疲れしてくるものです。そして、ちょっと疲れてくると、やっぱり一人のほうが気楽だなといった思いが脳裏をよぎったりします。

だからといって、そういう人が一人の時間を心から楽しんでいるかというと、けっしてそういうわけでもありません。人と一緒だと気疲れするけど、一人だと何か物足りない。

そんな生きづらさを抱えた方が、私のところにもよく相談にみえます。これは何も珍しいことではなく、意外に多くの人が感じていることでもあるのです。

あなたの心が「ゆとり」と「充実感」に充たされる

一人で好きな音楽を聴いたり、動画配信サービスの映画を観たり、テレビを観たりして気晴らしをしても、どこか物足りなさを感じる。

一人でいると何だかわからないけど、どうも落ち着かない。一人の時間を心から楽しむことができていない……。

本書は、そんなふうに、人と一緒だと気をつかって疲れてしまうのに、一人でいると物足りなくて落ち着かない、いったいどうしたら安らげるのだろう……といった思いを抱えながら、だれかと一緒の場と一人の場を行き来している、そんな人たちにも、ぜひ読んでいただきたいと思います。

これから6つの章を読み進めながら、あなたの「心の扉」を順番にあけていってください。

最後のページにたどり着く頃には、「孤独」という最高の友達との対話をとおして注ぎ込まれる、力強いエネルギーの存在を確認できるでしょう。

対人関係がもっともっと良好になり、毎日がより充実していくはずです。

孤独を楽しむことこそが、人生うまくいく秘訣なのです！

榎本博明

孤独を楽しめる人こそ、人生うまくいく！

目次

CONTENTS

プロローグ

孤独を楽しむ――そう思った瞬間、人生が変わる！

1章 「一人はイヤ、でも人と一緒は疲れる」心理――さびしがり屋の本当の気持ち

2章

人に気をつかい過ぎていませんか？
――他人の心はだれにもわからない

3章

今の対人関係を振り返ってみよう

――一歩踏み出す勇気

4章

何のための人づきあいですか？

――実りのある人間関係

5章 人にしがみつくのは、もうやめよう

——ひとりぼっちを恐れない

6章

「孤独になる」とは「自由になる」こと

——あなたらしい生き方が必ず見つかる

イラスト　上路ナオ子

1章

「一人はイヤ、でも人と一緒は疲れる」心理

――さびしがり屋の本当の気持ち

★「人とつながっていないと不安」なのは、なぜ？

あなたは家に帰ると、すぐにテレビをつけるタイプですか？

とくに観たい番組があるわけでもないのに、だれもいない部屋に入ると反射的にテレビをつけるのが習慣化している。テレビをつけていないと落ち着かない。それは、一人の時間を楽しむことができない人にみられる典型的な行動パターンともいえます。

テレビをつけることで気を紛らわす。そうすれば一人でいる自分と直面しないですむ。いわば孤独になって自分自身と向き合うことを避けようとしている。一人の世界にどっぷり浸かることを恐れているのです。

バラエティ番組が人気なのも、観ているとみんなと一緒にいるような雰囲気になり、孤独な自分を意識しないですむからともいえます。

趣味に浸るなどして自分一人の時間を楽しめる人は、一人の時間を恐れるということはありません。心穏やかに一人でいることができます。

それに対して、一人の時間を充実させることができない人は、だれもいない部屋ですぐにテレビをつけたり、むやみやたらにインターネット検索をしたりして、一人でいる自分を忘れようとする傾向があります。

スマートフォンも、一人でいられない人、孤独な自分に直面するのが怖い人にとって、強力な逃げ場を提供しています。

たえずスマートフォンを気にしている。だれかからメッセージがきていないか、しょっちゅう確認せずにはいられない。だれからもメッセージがないとさびしく物足りない。寝床についてからもスマートフォンが気になる。そんな人が増えています。

だれかとつながっていないと〝不安〟なのです。

では、どうして一人になると、不安になるのでしょうか。なぜ、だれかと一緒にいると気をつかい過ぎてひどく疲れてしまうのに、「孤独」を恐れてしまうのでしょうか。

これから、いろいろな事例をみながら、その不安の奥に隠された〝心理〟について探っていきましょう。

〝孤独〟が人生をいい方向に導く

自分らしく、豊かな人生を送るためには、1日のうちで**少しでも静かに自分と向き合う時間が必要**です。そうでないと、自分らしさを見失ってしまうからです。

心理療法家のクラーク・E・ムスターカスは、

「私は『孤独』に親しむにつれ、そこに新しい人生のための指針が隠されていることに気づいた」（『愛と孤独』クラーク・E・ムスターカス著　片岡康・東山紘久訳　創元社）

といいます。この本では、重要な事柄をあらゆる角度から理解したり、深い真実を垣間見たりするためには、一人になって自己との対話をする必要があることが強調されています。

たとえば、自分の進むべき道について思い悩んでいるときなど、性急に答えを求めるべきではありません。まずは**心の深層にある〝生命の源〟に立ち返る**ことが必要です。

静かな自然の中で静寂に身を任せているとき、音楽に耳を傾けているとき、自分自身に正直になって文章を書いているとき、自由に絵を描いているとき、自由に身体を動かしているときなどに、ふと新しい気づきや今後の方向性へのヒントが心に浮かぶことがあります。

そうした気づきや指針が、人生をいい方向に導いてくれるわけです。

★「自分と向き合う時間」を大切にしていますか？

日々の生活を楽しんで、ゆったりと過ごしている人は、一人でいる孤独の時間も大切にしています。

何か悩みや迷うことがあるときに、何でも気軽に話せる友達と会って、食事でもしながら率直に胸の内を明かし、意見を言ってもらったり、それに対して思うことを言ったりする。そうすることで、気持ちが落ち着いてくるし、考えも整理されてくるということがあります。

ただし、その後、家に帰ってから一人でじっくり考える時間も必要です。一人になって、友達と話したことを思い出しながら、あらためてあれこれ思いをめぐらすことで、新たな気づきが生まれたり、方向性が見えてきたりします。

会社勤めで忙しい毎日を送っていても、地に足の着いた生活をしている人は、**自分の時間を楽しんでいる**ものです。

ある人は、休日にはまず書店に行って、気になる本を何冊か買い、行きつけの喫茶店でそれを読むのが習慣になっているそうです。馴染みの落ち着いた空間で、本の世界に没頭する。それが心のリフレッシュにもなっているし、いろんな気づきにもつながっているといいます。

ただ本を読んでいるというだけでなく、本に書いてあることがきっかけで、いつの間にか物思いに耽《ふけ》り、気持ちの整理をしていることがあるといいます。

仕事で行き詰まっているときは、仕事帰りに一人で街をブラブラ歩き回ったり、休日にちょっと遠出して一人で歩き回るという人もいます。

目的もなくただ歩いていると、いろんなことが頭に浮かんできて、自分がどうしたいのか、何が物足りないのか、何にイライラしているのかなどといったことをめぐって、**自分との対話**が始まる。それがちょっとした気づきをもたらしたりします。

人と一緒にいたら、このような孤独の恵みにあずかることはできません。

ただし、一人になって自分と向き合うことには、「孤独」の厳しさがつきまといます。そうした孤独の重みに耐えかねて、どうしても一人でいることを恐れるようになりがちなのです。

一人になって自分と向き合う時間をもつことが大切。でも、孤独の重みに耐えるには、だれかと心の内面を分かち合える親密な間柄になる必要がある。そうはいっても、その親密な間柄をどうやってつくっていくかに悩んでしまう人が多いのではないでしょうか。

自分の内面をどういうふうに相手に出していったらいいのか？

その出し方のバランスは？

などと真面目な人ほど悩んでしまいます。

そもそも最近は、「一人でいる」ことが恥ずかしい、友達のいない、かわいそうな人と見られそう、などと**ネガティブなイメージにとらわれてしまう人**が増えているようです。

「たまには一人になっていいんじゃない？」

会社員のAさんは、いつも一緒に食事をする同僚がたまたま会社を休み、一人で社員食堂で食べていると、なぜか落ち着かず、急いで食事をすませて席を立とうとしている自分に気づいてハッとしたと言います。

周囲を見回すと、楽しそうに談笑しながら食べている人もいるけれども、一人で黙々と食べている人もいます。一人でも、食後にコーヒーを飲みながらゆったりとくつろいでいる人もいます。

それに比べて、自分は一人の食事を楽しむことができずに、急いで食べてその場を去ろうとした。そんな自分を意識したとき、いつも群れてばかりで一人でいることができないことに気づきました。

あらためて日頃の自分の行動を振り返ってみると、昼休みには社員食堂に行ったり、ときどき外食をしたりするけれど、いつも同僚と行動を共にしている。

今日はどこで食べようかと相談し、昼休みだけでなく、ちょっとコーヒーブレイクというときも、互いに声をかけ合って一緒に席を立つ。一人で行動するということがほとんどない。

退社するときも、終業時間が来て自分のすべき仕事が終わっても、まず同僚の様子をうかがう。向こうが先に終わっているときは、申し訳ない思いで慌てて仕事をすまそうとする。そうして毎日、示し合わせたかのように一緒に席を立って会社を出る。

行動を共にできる同僚がいるのは幸運なことだと思うけれど、こんなふうにいつも群れている自分ってどうなんだろう、たまには一人で行動することがあってもいいんじゃないか。これでは転職したり、同僚が辞めたりしたら、パニックになるのではないか。そう思うと、**いつも群れている自分がとても頼りなく感じられ、不安になった**そうです。

「嫌われたくない」から「断れない」

先のAさんと同じく、昼休みなどには、気の合う同僚と行動を共にすることが多いという会社員のBさんは、よほどの事情がないかぎり、人から誘われて断ったことがないと言います。

週末に食事に行こうとか、休日にショッピングに行こう、家に遊びに来ないかといった誘いも、別の予定がすでに入っているなど、やむを得ない事情がある場合を除いて、即座にOKの返答をしている。まるで断るという選択肢がないかのように……。

誘われる直前までは、「ここのところ疲れがたまっているから、今日は寄り道せずにまっすぐ帰ろう」と思っていても、食事の誘いがあると反射的に応じてしまう。

「新しい棚が届いたから、今度の土日は部屋に散らかっている荷物の整理をしなくては」と思っていたのに、誘いがあると、ためらうことなく瞬時に応じてしまう。

このようにBさんは、人からの誘いをうまく断ることができません。そこに見え隠れするのは、**〝嫌われたくない〟という気持ち**です。

うっかり断ることで相手が気分を害して、もう誘ってくれなくなったら困る。一緒に出かけたくないのかと誤解されたら大変だ。そんな思いから、無理をして応じてしまうのです。

このようなタイプの人は、誘いを断れないだけでなく、自分から誘うということもありません。

断られるのが怖い。断られると傷つく。だから誘うのを躊躇《ちゅうちょ》してしまう。誘われたら断れないという人は、自分から誘えない人でもあるのです。

Bさんの場合も、いつも人の誘いに乗るばかりで、自分から誘うことはほとんどないと言います。誘いたいことがあっても、急だから相手にはもう予定があるかもしれない、それに相手は興味がないかもしれない……などと考えて、結局、誘わずじまいになってしまうようです。

Bさんは小さい頃から、自分から誘っても断られるんじゃないかといった不安が強く、誘われるのをひたすら待っている子どもだったと言います。

人の顔色をうかがって、人に合わせるばかり。自分がどうしたいかよりも、人がどうしたいかに合わせてばかり。

そうした行動パターンが、大人になってからも基本的にはまったく変わっていないことに気づいたBさんは、まず、誘われても**自分の都合を優先することから始めてみることにしました**。

そうしてみると、こちらの誘いを断る場合も、イヤなわけではなく単に都合が悪いのだとわかり、人を誘うときにも気持ちがラクになったと言います。

★〝心〟に急ブレーキをかけて無理してませんか？

先のBさんのように、自分の都合を主張することができず、相手の都合に合わせてばかりという人は、知らず知らずのうちにストレスをため込むことになってしまいます。

カウンセリングの場では、ほかにも自分の趣味や好みを主張することができず、相手の趣味や好みに合わせるばかりで、**心に無理を重ねているといったケース**によく出合います。

友達や職場の同僚と仕事帰りに食事しながらお喋《しゃべ》りするのは楽しいものです。あっという間に時が過ぎ、仕事が終わったあと、すぐに帰宅して一人で時間をもてあますよりもずっと気が紛れる。それなのに、友達や同僚と別れ、一人になると自分が緊張していたのを感じる。いつも以上に疲労感に襲われる。そんなときは、どこかで知らないうちに無理をしているのです。

たとえば、食事に行くとき、

「このところ胃の調子がよくないから、行くなら和食系がいいな、こってりした中華とかイタリアン系は避けたいな」

と思っていても、

「中華で気になる店があるんだ」

「イタリアンでいい店があるんだけど、どう？」

などと言われると、悪いけどそれは避けたい、と言えずに、つきあってしまいます。

映画を観に行くときも、前から観たい映画があっても、相手が観たいかどうかわからないと思って、それを提案することができません。

さらには、相手が提案した映画が自分の好みと違い、面白そうではないと思っても別の映画にしようと言えず、心ならずもつきあってしまいます。

こんなふうに自分の体調や趣味や好みを主張することができず、相手に合わせるばかりでは、ストレスがたまる一方です。

人づきあいは気が紛れるけど、どうも気疲れする。それはだれにもあることですが、気疲れがひどい場合は、相手に合わせようと無理をし過ぎているのではないか、と振り返ってみる必要があります。

多くの場合、心の中にある**「人からよく思われたい」「人から嫌われたくない」**という思いが、**自分を抑えて相手に合わせ過ぎる**行動パターンを導いています。

こういう人は、自分を抑えて相手に合わせる行動パターンが常態化しているため、自分がストレスのたまる行動をとっていることに気づいていません。

相手の気分を害さないように、相手に嫌われないようにと、無意識のうちに相当無理をしてしまうので要注意です。

「対人関係の苦手意識」はだれもがもっている

過度に気をつかい、自分の気持ちを抑えて相手に合わせるばかりでは、疲れるのは当然。人づきあいが楽しいわけがありません。瞬間的に楽しいことはあっても、どこかで疲労感がじわじわと蓄積されていきます。

無理なくつきあえる相手がほしい。何でも話すことができ、ありのままホンネでつきあえる相手がほしい。それはだれもが思うことです。

30代の女性Cさんも、テレビドラマなどの中の友達づきあいを見ていて、何でも話せる親しい関係が羨《うらや》ましくてしようがないと言います。

「気がかりなことがあったり、悩んでいることがあったりしたら、遠慮なく相談できる。不安な思いをそのまま吐き出しても、イヤな顔をせずに話を聴いてくれる。自信がなくて、暗い内面を口にしても、バカにしたり、退《ひ》いたりせずに、励ましたり、そんなふうに逃げていても解決しないだろうと叱咤激励《しったげきれい》したりしてくれる。テレビドラマの中の人づきあいには、そんな憧れの世界があるじゃないですか。

ところが、現実となると、そうはいかない。うっかり不安な気持ちや情けない思いを口にしたりしたら、バカにされるかもしれない。そんな空気を重たくするような話にはつきあえないと、退かれるかもしれない。だから、内面的な話題は避けて、ウケねらいの話や、結局のところ、どうでもいいようなネタで盛り上がるしかない。それで発散できる部分ももちろんあるけど、何か物足りない。そのときはけっこう楽しんでいても、あとになってちょっと虚《むな》しくなる。そんなことがよくあるんです」

Cさんが憧れるような、何でもホンネで話せるようなつきあいをするためには、思い切って自分の内面をさらけ出して、相手との心理的距離を縮めることが必要です。

自分の内面を出すことを、心理学では「**自己開示**」と言います。

自己開示とは、自分の思いや経験を率直に伝えることです。また、自己開示は、心理的距離のバロメーターとみなされており、お互いのことをどのくらい知っているかで心理的距離がわかります。

自己開示は、**好意と信頼の証**なのです。加えて、自己開示には、相互性の原理があるため、こちらが自己開示をすると、相手も同じように自己開示をしてくれるという好循環が生じます。

したがって、良好な人間関係を築いていくためには、一方的にならないように少しずつタイミングをはかって自己開示していくことが大切になります。

ただ、Cさんも、それはわかっているけれど、なかなかできないと言います。表面的な話で盛り上がるつきあいが常態化しているのに、いきなり内面的な話はしにくい。重苦しい雰囲気になってもイヤだし、相手も困るかもしれない。そんな重たい話は興味ない、といった反応をされたら傷つく。そう思うと、内面を出すのは難しいと言います。

それに、正直言って、だれかと何でもホンネで話せる親しい間柄になりたいという思いがある一方で、**親しくなるのが怖いという気持ちもある**と言います。自分に自信がないために、距離が近くなると、飽きられてしまうのではないか、つまらない人間だと思われてしまうのではないか、といった不安が頭をもたげてくるのです。

「どうせ自分なんか一緒にいて楽しい人間じゃないし」「なんの取り柄もないし……」といった、自分を否定する気持ちが、仲良くなりたいという気持ちを上回ってしまうのです。

★人とのスレ違いはいつでも起きるもの

先のCさんのように、ホンネでつきあえる相手をつくれない人は、何でも話せる相手がほしいという気持ちとは裏腹に、**人にあまり期待しないようにしようという態度**を身につけているものです。

本人は気づいていないことが多いのですが、自分から人を遠ざけるようなところがあるのです。

だれかと親しくなりかけると、

「自分なんて、すぐに飽きられ、嫌われてしまうのではないか」

「自分は人から好かれるような人間じゃないし」

といった思いが脳裏をかすめ、

「親しくなってから嫌われたりしたら、よけいに傷つくし、立ち直れない」

と、距離を縮めるのを躊躇してしまいます。
あとで関係が破綻《はたん》して傷つくくらいなら、はじめから距離を縮めないほうが安全だ。今のままの関係でいい。自信のなさが、そのような防衛的態度をとらせるのです。

人との距離のとり方は、友達と密につきあうことで傷ついたり関係を修復したりといった経験を子ども時代から重ねていくことで、自然に体得していくものです。

自分をさらけ出せる親しい相手ができることで、自分の存在を認めることができ、自信もつきます。そうした試行錯誤を重ねる中で、どうしても合わない相手はもちろんいるけれど、わかってくれる人がいると、自分にだってよいところがあると思うことができ、人間関係の構築に多少の自信をもつことができるようになります。

ときに誤解があったり、意見が衝突してケンカをしたりすることもあります。
しかし、それがよい勉強になり、それを繰り返すことで、たとえスレ違いが生じ

たとしても、どうしたら関係をうまく修復することができるかがわかってきます。

でも、人間関係に揉《も》まれることがないと、関係の修復の仕方がわからないため、スレ違うことを極度に恐れ、距離を縮めることがなかなかできません。

こうして友達に期待しない、何でもホンネで話せる親しい関係をとくに求めない、といったスタイルを身につけてしまうことになります。

期待すると、それが裏切られたときにガッカリしてひどく落ち込むから、期待しないようにすることで傷つくのを防ごう、身を守ろうというわけです。

人間関係にどっぷり浸かることがなく、人づきあいに自信がもてないと、良好な人間関係が築けないばかりか、ますます孤独感を強めることになってしまうのです。

★「今の関係が壊れること」を恐れない

先にも述べたように、人と人との心理的距離は、「自己開示」によって縮まります。

ところが、人づきあいに慣れていなかったり、自分に自信がなかったりすると、思い切って自己開示することができません。そのため、なかなか人と親しくなれないのです。

では、いったい何が自己開示をためらわせるのでしょうか。自己開示を抑制する要因について調査を行なった結果、3つの因子が抽出されました。

第1の因子は、**「現在の関係のバランスを崩すことへの不安」**です。

これは、今の楽しい雰囲気を壊すことへの不安や、お互いに深入りして傷つけたり傷つけられたりすることへの恐れの心理を反映するものと言えます。具体的には、つぎのような思いを指します。

- あらためて真剣に胸の内を明かすような雰囲気ではない。
- あまり重くならず、楽しい間柄でいたい。
- ヘタに深入りして傷つけたり傷つけられたりということになりたくない。
- 話したことを他人に漏らされたりしたらイヤだ。

第2の因子は、**「深い相互理解に対する否定的感情」**です。

これは、自他の違いを過大視し、人と人が理解し合うことに悲観的な心理を反映するものと言えます。具体的には、つぎのような思いを指します。

- 自分の考えや気持ちはだれにもわかってもらえないと思う。
- 自分の思いや経験を人に話したってしようがない。

・お互いに相手のことをそんなに深く知る必要はないと思う。
・どんなに親しい間柄でも、感受性やものの見方・考え方は違っているものだ。

第3の因子は、**「相手の反応に対する不安」**です。

これは、相手が共感的に聴いてくれるかどうかわからない、つまらないことを深刻に考えているなどとバカにされたらイヤだというような、相手の反応に対する不安な心理を反映するものと言えます。具体的には、つぎのような思いを指します。

・相手も同じように思うかどうかわからず不安だ。
・つまらないことを深刻に受けとめていると思われたらイヤだ。
・意見が対立するようなことは避けたい。

親しい関係になりたいのに、心を開くのが怖くてなかなか心理的距離を縮めることができないという人は、この中の第1因子と第3因子に相当する不安心理を抱えています。相手の反応が怖い。そして、今の関係が壊れるのが怖いのです。でも、今のままの関係では物足りなく、さびしいわけですから、そうした不安を乗り越えて一歩踏み出す勇気が必要です。

親しい友人との間の〝見えない距離〟

その場では楽しく盛り上がっても、本当の自分を出せていない感じがすることがあります。そんなとき、私たちは一抹《いちまつ》のさびしさを感じます。

Dさんは、友達とショッピングや食事に行ったりして、恋愛話やファッションの話をするのが楽しくて、しょっちゅう一緒に出かけています。ただ、そんな友達にもどうしても出せない自分があると言います。

高校生の頃、ちょっと悩んでいることがあって、当時、仲良くしていた友達に

話したところ、

「へー、そんなことを思ってるんだ、変わってるね」

と、軽く返されてしまったのです。

「人によって感受性は違うものだけど、あの子とは仲良しだし、きっとわかってもらえる……そう期待した自分に甘えがあったのだと思うけど、やっぱりショックだった。何だか突き放されたような気持ちになって、それ以来、自分の内面を人に見せられなくなった」と言います。

「人間って、明るいだけじゃないじゃないですか。気持ちが沈むこともあるし、不安になることもある。だれだって内面にはそういう暗いものを抱えていると思うんです。だけど、友達といるときは、そういった暗い面は出さないで、明るい面だけを出すようにしています。でも、そういうのって偽物《にせもの》の親しさみたいに思えることがあるんです。もどかしいっていうか、もっと自分をそのまま出せたらいいなって……」と言います。

みんなでワイワイ騒ぐのも、カラオケで盛り上がるのも好きだし、そういう場を楽しんでいるのも自分。でも、一人でいるときに「みんなの前では本当の自分が出せてないなあ」と、まわりとの表面的な人間関係にさびしくなり、ちょっと暗くなっているのもまた自分。

ときどき**どちらが本当の自分なのかわからなくなる……**。

「どちらも本当の自分なんですよね。友達といるときは明るい自分が出ていて、一人のときはちょっと暗めの自分が顔を出す。それで、やっぱり自分の一面だけしか出せないっていうところがさびしさを感じさせるんだと思うんです」

なかなか的確な自己分析だと感心しました。

人はだれも明るい面だけで生きているわけではありません。イヤなこと、腹立たしいことがあって、気持ちが乱れることもあります。

思い通りにならなくて、歯がゆい思いに駆られることもあります。気持ちを傷つけられることもあれば、ひどく落ち込むこともあります。心配事に悩まされることもありますし、不安でたまらないこともあるでしょう。

そんな自分のあらゆる面を素直に出し合える相手がいたら、どんなに幸せなことでしょう。

でも、多くの場合、相手に気をつかったり、相手の反応を恐れたりして、明るい面だけでつきあおうとします。

そのほうが楽しい場になるのは間違いありませんが、自分を出し切れていないもどかしさがある。そうした思いがさびしさを生みます。

一緒にいても、ワイワイ楽しくやっていても、どこかよそよそしさがあり、距離を感じてしまうのです。

社交的な人に多い「人づきあいの悩み」とは？

人に気をつかい過ぎる性格のため、親しく喋れる相手ができないと悩む人がいる一方で、先のDさんのように楽しくお喋りしたり、一緒に出かけて楽しく過ごしたりする相手はいても、自分が出せていない感じがしてさびしいという人もいます。

前者は内向的な性格の人に多く見られるパターンですが、後者は社交的な人に多いパターンといえます。

とても社交的で、だれとでもすぐに親しく話せるEさんも、後者の一人です。

Eさんは話題も豊富で、いつも話の輪の中心にいて、みんなでワイワイやっている場をリードするような存在です。Eさんがいるだけで場が賑《にぎ》やかになり、お喋りが楽しく弾みます。

だれにでも自分から気軽に声をかけるため、いろんな人と親しく言葉を交わし、いろんなグループと行動を共にします。

内向的な人からすれば、だれとでも仲良くつきあえて羨ましいということになりますが、本人は意外にも、自分には本当に親しい友達がいないと悩んでいるのです。

Eさんは、自分は実はとても〝孤独〟なのだと言います。**だれとでも気軽に喋れるのは自分の長所**だと思ってきたけれども、それが災いして、**だれとも個人的に深く語り合える関係にならない**と言うのです。

いろんなグループの飲み会とか合コンとかに呼ばれるけれども、**自分に期待されているのは、場の盛り上げ役。**

それはわかっているし、自分はそれが得意なので、その場を楽しく盛り上げる役割に徹している。意識してそうするわけでもなく、ごく自然に盛り上げ役を演じられる。

でも、いくらそうした役をしっかり演じられても、本当に親しい友達ができない。

グループのほかの人たちは、個人的に会ってプライベートな話をしているようなのに、自分は賑やかな場の盛り上げ役で、結局、どうでもいいようなバカ話をしてはしゃぐ相手としかみなされない。だから、こちらもあらためて内面的なことを話すような気分になれない、と言うのです。

「冗談とか言って爆笑するのも楽しいし、みんなで盛り上がる場にいると、つい調子に乗って笑いをとれそうなことばかり言って、みんなを笑わせている。それはそれで楽しいんだけど、そんな自分って、何かさびしいなって思って、けっこう落ち込むこともあるんです」

「一生懸命、場を楽しく盛り上げようとすればするほど、まわりからは調子のいいヤツみたいに思われて、なんか損な役回りだなって思ったりもします」

Eさんは、そのように苦しい胸の内を打ち明けるのでした。

最近では、人から受け入れられたくて、得意な話術で必死に場を盛り上げようとしている自分に気づいて、疲れることもあると言います。そんなとき、ちょっと黙り込むと、周囲から、

「どうしたんだ？　黙り込んじゃって、いつものお前らしくないじゃないか」

などと言われ、ハッと我に返り、持ち前のサービス精神を発揮して、即座にウケねらいの言葉を発する。

そんな**自分にますます嫌悪感**を募らせる。場の盛り上げ役も、自分を率直に出すことができず、けっこう辛いものがあるようです。

空気を読み過ぎると〝場〟はつくれない

　とくに近頃の若い世代では、場の空気を読むことにこだわるあまり、ホンネを無理やり抑えつけたつきあいが多いようです。若者たちにその点について問いかけたところ、つぎのような答えが返ってきました。

「友達といても、ヘタなことは言えないっていう思いが強い。なぜなら、まわりの空気を読んで行動しないと排除される危険があるからです」

「空気を読んで発言しないと、場の空気も読めないヤツだということで仲間はずれにされるかもしれないから、どんなときも空気を読むようにしています。先輩とか目上の人に対しては率直に相談することもできるんですけど、友達や同年代の人との会話ではほとんどホンネを出すことはないですね。空気読みに徹して、無難な話をするように心がけています」

「中学生の頃、空気を読むということを意識せずにホンネを出し過ぎていたみたいで、友達から嫌われたことがあるんです。そのせいで、うっかりホンネを出したら友達から排除されちゃうんじゃないかっていう不安があって……今は、必死に空気を読みながら人づきあいをこなしてます。我ながら無理をしてるなあと感じることがよくあります」

ホンネを抑え続けるのは疲れるけれども、**空気を読んで行動しないと排除される恐れがある**ため、必死に空気を読んで周囲に合わせるようにしているということのようです。

場の空気も読めない人間はつきあいづらいとみなされ、避けられてしまう。そのことが空気読みの圧力となっています。

「友達と一緒にいるときには常に空気を読んでばかりの自分がいて、ときどき疲れてしまいます。ホンネでつきあえたらどんなにラクかと思うこともありますけど、そんなことをしたら友達をなくすかもしれません。空気が読めないヤツとみなされたら仲間はずれにされるのではないかっていう恐怖を感じることがあります。だから友達と一緒のときは、ものすごいストレスを感じます」
「まわりからこんなキャラだと思われているから、常に空気を読んで自分のキャラにふさわしい応答ばかり。わがままはもちろん、自分の言いたいことも言えないし、人と一緒にいると、ものすごく疲れます」
「空気なんか読まずに、お互いホンネで思ったことを言えるのが本当に親しい人間関係だと思います。でも、空気を読まずに発言すると、イヤな顔をされることがあったり、そこまででなくても軽く無視されたりするので、ホンネを抑えて空気を読みながら無難な反応をする習慣が身についてしまいました。そんな人づきあいのスタイルがストレスになっているように思います」

このようにホンネを抑え、空気を読みながら無理してつきあうことで、多くの人はかなりのストレスをため込んでいます。

こうした傾向は、若い世代だけでなく、上の年代層にも広がっている。つまり世代を問わず、ほとんどの人が悩んでいるのです。

人はみんな、「自分をわかってほしい」と思っている

私たちはいろんな欲求をもっています。

美味しいものを食べたいという欲求。遠いところへ旅に出たいという欲求。音楽を聴きたいという欲求。歌を唄いたいという欲求。身体を動かしたいという欲求。お喋りをしたいという欲求。着飾りたいという欲求。人から注目されたいという欲求。競争に勝ちたいという欲求。人と親しくしたいという欲求……。

人によってもっている欲求は違うし、どんな欲求を強くもつかも人それぞれ異なります。

でも、だれもが心の中に抱えている強い欲求があります。それは、**「自分のことをわかってほしい」という欲求**です。

ただし、私たちのまわりにはさまざまな人がいます。価値観や性格が違う人に

は、こちらの生き方や気持ちをなかなかわかってもらえません。

権力欲や上昇志向の乏しい人には、人脈づくりのために無理してでも気の合わない人ともつきあおうとする人の気持ちがわかりません。

他人のことを基本的に信用していない人は、無邪気に他人を信用しては痛い目にあっている人の気持ちがわかりません。

だれとでも気軽に話せる人は、人前でやたら緊張して、もじもじする人の気持ちがわかりません。

いつもみんなの輪の中心にいる人は、孤立しがちな人の気持ちがわかりません。


このような価値観や性格の違いが、さまざまなスレ違いを生みます。

親切のつもりでしたことなのに、イヤな顔をされたり、ときに逆恨《さかうら》みされたりすることもあります。

自分にとってはとても大切なことなのに、どうしてそんなことにこだわるのかと呆《あき》れられたり、いらつかれたりすることもあります。

辛い気持ちをわかってもらえなかったり、大変なのに必死に頑張っているということをまったくわかってもらえなかったりすることもあります。

自分の生き方を真っ向から否定するようなことを言われてしまうこともあります。

スレ違いによって傷ついたり、イヤな思いをすることも多々あるでしょう。

しかし、**社会とは異質な人間の集合体**ですから、社会の中で生きるというのは、そうした〝**わかってもらえない経験**〟**を積み重ねること**でもあります。だからこそ、「だれかにわかってほしい」という気持ちが強まるのです。

どんな人も、たとえクールを装っていても、心の中では「だれかに自分のことをわかってほしい」と叫んでいるのです。自分のことをわかってくれる相手が現われるのを待ち望んでいるのです。

ホンネを隠して無難な世間話をしているだけでは、表面的には良好な関係を築けても、本当にわかり合える関係にはなれません。まずは自分の欲求やホンネをさらけ出してつきあう必要があります。

でも、相手がどんな反応をするかと考えると不安になり、なかなか自分を素直に出すことができないことも事実です。

どんな反応が返ってくるかわからない。わかってもらえなかったら傷つく。そう思うと、思い切って自分を出せなくなってしまう。そんな人たちが、いかに多いことか。

つぎの章では、そうした「気をつかい過ぎる人たち」の心の奥に潜む不安について解き明かし、どうすれば不安の束縛から解放されて、リラックスして人とつきあうことができるのかについて考えてみます。

2章

人に気をつかい過ぎていませんか？

——他人の心はだれにもわからない

★不安なのは、あなただけじゃない

親しい友達がほしい。なのに、せっかく親しくなりかけると、嬉しさよりも不安のほうが強くなる。そんな経験はありませんか？

引っ込み思案な上に、人づきあいが苦手で、どうやって友達とつきあったらよいのかわからない。道端でばったり出くわしたときなども、何を喋ったらよいかわからず、挨拶したあと思わず口ごもってしまう。一緒に食事をするときも、つぎは何を喋ろうかと必死に考えるため、食べ物を味わう余裕がない。もっと気楽に人づきあいができるようになりたい。そして親しい友達をつくりたい。

そのような人が私に相談に来たあと、しばらくすると、今度は友達ができたという理由で悩み始めるのです。

人づきあいが苦手でない人にはわかりにくいかもしれませんが、友達がほしいと言っていたのに、友達ができたことで危機に陥るのです。

そのときの心理状態について、彼らは、

「ここで気を抜いたら、おかしな子と思われて、せっかくできた友達を失うかもしれない。そう思うと、緊張して何も喋れなくなる」

「うっかりしたことを喋ると、変に思われて、またひとりぼっちになってしまう。そう思うと会うのが怖くなり、都合が悪いと言って会わないようにしている」

などと言います。

こういう考え方は特殊な人の事例のように思われるかもしれませんが、共感する人は意外に多いはずです。おかしな子と思われるというほどではなくても、一緒にいて楽しい相手じゃないと思われることを恐れる心理は、多くの人たちが抱えているのではないでしょうか。
自分はどちらかというと口ベタだし、

面白い話ができるわけでもないし、一緒にいて楽しい相手とはいえないのではないか。最初のうちはいいけれど、そのうち目新しい話もなくなるし、すぐに飽きられてしまうのではないか。つきあっているうちに、こんな面白味のない人間と一緒にいても楽しくないとなって、離れていくのではないか。別の人とのほうがずっと楽しいということになって、見限られてしまうのではないか……。

そんな思いに駆られる人は、けっして少なくありません。日本人には、引っ込み思案で口ベタな人が多いので、意外に多くの人が自分のコミュニケーション力不足を気に病んでいるようです。

親しい友達がほしい。でも、自分は人を惹《ひ》きつけるような面白い人物ではない。だからだれかと親しくなりかけると、そのうち飽きられるのではないかといった不安が頭をもたげてきて、気楽につきあえなくなる。そのような心理は広く共有されているように思われます。

だれもが多かれ少なかれ不安をもっている。不安なのは自分だけじゃないんだ。そう思うと、相手との距離を縮めることはそんなに難しいことではないと思えませんか？

★「異性を遠ざけてしまう」心理の裏側

Fさんは、30代になるのにこれまで恋人といえる相手がいなくて、さびしいし、素敵な恋人がほしい。でも、どうしても行動が伴わず、自分でもすごくもどかしいと言います。

彼女は、異性と話すのが苦手というわけではありません。

気軽に話せる異性の同僚もいるし、異性も含めたグループで映画やスポーツ観戦に行ったり、飲みに行ったりすることもあります。

ただ、いつも楽しく盛り上がるだけで、つきあうという感じにならない。

友達が紹介してくれようとしても、いつもどうもうまくいかない。その場では、みんなで楽しくやっていても、個人的に会おうというような雰囲気や展開にならない……。

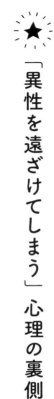

そんなふうに語るFさんは、その理由は自分の態度にあるのでは、と思い始めました。

というのは、あるとき親しい友達から、

「なんでいつも、ふざけているの？　そんな感じだと、好きな人と二人きりになっても、なかなかいい雰囲気にならないんじゃない？」

と言われたのがきっかけでした。

思い返してみると、異性をせっかく紹介してもらっても、なぜかいつも過剰にふざけてしまう。盛り上がりはしても、話が深まらず、お互いに何を思っているのか、どんな生活をしているのかといったプライベートなことはわからない。

さらに、その友達から、「そうやってふざけて、相手が自分に近づいてくるのを自分から避けているように見える」と言われて、とてもショックだったけれど、ハッとしたと言います。

たしかに相手が近づきにくい態度をとり、もしかしたら親密な関係になるのを自分から避けているのかもしれないと感じたそうです。

そんなFさんも、これまでに個人的なつきあいに発展しそうになったこともあったのです。

感じのいい人だなと好感を抱いている人に声をかけられ、二人で食事をすることになった。

いい雰囲気で楽しく会話が弾み、また会おうということに。これはまさしくデートじゃないか。「ヤッターァ！」という喜びも束の間、強烈な不安が頭をもたげてくる。

どうつきあったらいいのだろう、うまくつきあえるだろうか、期待はずれだと思われて嫌われてしまうのではないか、と不安でたまらなくなる。そうなると、デートの楽しさよりも、不安のほうが大きくなってしまう。

Ｆさんは、そんな自分の心理が、相手を遠ざけるような態度につながっているのかもしれないと思うようになったと言います。

★"相手の反応"はポジティブにとらえる

親密な関係になりたいのに、なかなか親密な相手ができないという人は、先のFさんのように、相手とどうつきあえばいいか不安に思うあまり、自分から相手を遠ざけるような態度をとっていることが多いものです。

その不安の中心は、**相手からどう思われるか**ということです。もっと言えば、好意的に見てほしいけれど、どんなふうに見られるかがわからない。好意的に見てもらえればいいけど、やっぱり自信がない。だから不安でいっぱいになるのです。

だれでも人からどう思われるかは気になるものです。とくに日本人は、人目《ひとめ》を非常に気にします。だれがなんと言おうと自分は自分なんだ！　と自信をもって言える人などほとんどいません。人から肯定的に評価されれば自信がもてるけれども、否定的な反応が返ってきたら、自信は打ち砕かれ、気持ちまで萎えてしまいます。

仕事上で事務的にかかわるだけの人であれば、どう思われようとあまり気にはならないかもしれません。でも、親しい間柄になると、自分をさらけ出してつきあいたい、自分のことをわかってほしいといった思いが強くなるだけに、相手からどう思われるかが気になってしようがなくなるのです。

異性からデートに誘われたような場合だけでなく、同性からどこかに遊びに行こうなどと誘われた場合も、嬉しい気持ちは強いのに、躊躇してしまい、口実を探して断ってしまうこともあるようです。それも、相手からどう思われるかが人一倍気になるからです。好意的に見てもらえる自信がないのです。

そのように相手からどう思われるかを過度に気にするタイプの人は、勇気を出してデートの誘いに乗っても、たえず不安との闘いになってしまいます。

「一緒にいてもつまらないと思われていないだろうか……」

「自分なんかより、ずっと面白い人が沢山いるだろうに……」

「誘ったことを後悔してるんじゃないか……」

「もう、つぎの機会はないだろうな……」

などといった思いが頭の中を駆けめぐり、遊園地で遊んでいても、ショッピングや食事をしていても、楽しむような気持ちの余裕はありません。

相手が歩き疲れて、ちょっと疲れた表情をしただけなのに、

「きっと私といてもつまらないんだ」

と曲解したり、相手も口ベタで口数が少ないだけなのに、

「やっぱり私と喋っても楽しくないんだ」

と勘ぐったりしてしまいます。

向こうはデートを楽しんで満足した気分でいるにもかかわらず、

「一緒にいてうんざりしてるんだろうな。もう誘われることもないだろうな」

と悲観的な気分になると、態度もぎこちなくなってしまいます。

また、飽きられたくないという思いから、わざと誘いを断る人もいます。あまり頻繁に会ったりすると、自分なんかきっと飽きられるにきまってる。そんな思いから、逃げ腰になってしまうのです。

何度も断られると、向こうは避けられていると勘違いして誘わなくなります。

結局、**相手からどう見られるかを気にするあまり、自分からチャンスの芽を摘んでしまっている**のです。

こういう人へのアドバイスは、まずは誘われたら断らずに行ってみる。そして会っている間、**「相手の反応を深読みし過ぎない」**ということです。

相手がしばらく黙り込んだら、「私、何か気分を悪くするようなことを言ったかな」と考えるのではなく、「沢山お喋りしたから、少し喋り疲れたのかな。ちょっと休憩！」とか「相手もつぎの話題を考えているのかも！」などと、気楽に構えてみましょう。

食事をしていて相手がよそ見をしていたら、「私にうんざりしているのかな」ではなく、「素敵なインテリアに見とれているのかな」とか「隣のテーブルの人が食べている料理も美味しそうだな、と思っていたりして」というように、ちょっと調子のいい受けとめ方をしてみましょう。

こういう人は、相手の反応を深読みし過ぎるのは百害あって一利なし、と肝に銘じるくらいでちょうどいいのです。

ポジティブ思考は、ポジティブな出来事を呼ぶきっかけとなります。

「返信」に振り回されるのは、もうやめよう

相手からどう思われているかを過度に気にする人に典型的に見られる特徴の一つが、メールやラインに対する過剰な反応です。

自分が出したメッセージに反応がないと、なぜだろうと気になって仕方がない。

1時間も返信がないと、

「何で返信がないんだろう……」

「どうして既読にしてもらえないんだろう……」

と、反応がないことに何か意味があるかのように思い込む。極端な場合は、10分や20分返信がないだけで、何度も携帯電話を確認して、どうしたんだろうと落ち着かなくなるという人もいます。

しかし、このようにネガティブに考える必要はありません。**相手がどのような**

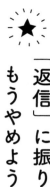

状況にあるかなど、わかるはずがないからです。

相手は大事な会議中で、携帯電話の電源を切っているのかもしれませんし、歩いていて、連絡が来ていることに気づいていないのかもしれません。人と喋っていて、返信できるような状況にないのかもしれません。

そうした事態の可能性は容易に想像できるはずです。しかし、自分がどう見られているかを気にするあまり、相手の都合や状況を想像する心の余裕を失い、すべてを自分に結びつけてしまいます。その不安はどんどん強まり、自己中心的な見方しかできなくなります。

そして、

「何か怒ってるんだろうか……」

「この前会ったときの雰囲気はよかったのに、さっきのメールで気に障《さわ》るようなことがあったのだろうか……」

「気分を害するようなことを、最近言ってしまっただろうか……」

「だれかから何か悪い情報を吹き込まれたのかも……」

などと、勝手な意味づけをして、ますます不安を強めてしまいます。

不安が高じて、自己防衛的な攻撃反応が出る場合もあります。相手が自分を無視している、わざと反応してこないと受けとめることで、

「あの人は、いつも感情的で、ちょっとしたことで機嫌を損ねるからイヤだ」

「何か失礼なことがあったかもしれないけど、なんでこんな細かなことで、大人げない態度をとるんだろう」

などと非難がましい気持ちが湧いてきます。**不安が攻撃的な心理を生み出す**のです。それによって、せっかくの関係にヒビが入ってしまうこともあります。

メールやラインはとても便利なツールですが、相手の様子まではわかりません。そこでよけいな憶測をしては、ネガティブ思考の悪循環に陥ってしまい、せっかくの関係を台無しにしてしまいかねません。

不安が強いほど、勝手にネガティブな憶測をしてしまいがちです。不安になったら、今、相手はメールやラインを見たり返したりできない状況にあるのだろう、そのうち返事が来るだろうとポジティブに気持ちを切り替えて、振り回されないことが大切です。

気をつかい過ぎて、疲れていませんか？

人づきあいに気をつかい過ぎる人を苦しめるのは、「間がもたない」という感覚です。友達とでさえ、二人きりでいるときに沈黙があると気詰まりになって、非常に気をつかう。

社交的な人なら、その場にふさわしい話題が適度に口から出てくるものですが、人づきあいが苦手だとそうもいかず、沈黙が重くのしかかる。

早く何か話さなくては……と思って、必死に話す内容を探す。でも、何か思い浮かぶたびに、

「こんなことを言っても、つまらないんじゃないか」

「なんか、場違いな話かもしれない」

と思ったりして、なかなかスムーズに言葉が出てこない。そうなるとよけいに

焦る。中には、冗談を言って笑わせるなど、ピエロを演じることで間をもたせることができる人もいます。しかし、そのような人も、たいてい心の中に違和感を抱え、人に対してものすごく気をつかっているものです。

太宰治の『人間失格』は、本当の自分をさらけ出せず、人とつながることに恐怖を感じる主人公が、その恐怖から逃れるために他人の前では必死になって「道化」を演じる……という話ですが、この本に共感する若者が多いのも、**人づきあいに必要以上に気をつかい、疲れている人が多い証拠**といえるかもしれません。

『人間失格』の主人公は、つぎのように心の内を告白しています。

「……自分一人全く変わっているような、不安と恐怖に襲われるばかりなのです。自分は隣人と、ほとんど会話が出来ません。何を、どう言ったらいいのか、わからないのです。そこで考え出したのは、道化でした。それは、自分の、人間に対する最後の求愛でした。自分は、人間を極度に恐れていながら、それでいて、人間を、どうしても思い切れなかったらしいのです。そうして自分は、この道化の一線でわずかに人間につながる事が出来たのでした。おもてでは、絶えず笑顔をつくりながらも、内心は必死の、それこそ千番に一番の兼ね合いとでもいうべき危機一髪の、油汗流してのサーヴィスでした。……（中略）……その頃の、家族たちと一緒にうつした写真などを見ると、他の者たちは皆まじめな顔をしているのに、自分一人、必ず奇妙に顔をゆがめて笑っているのです。これもまた、自分の幼く悲しい道化の一種でした。」（『人間失格』太宰治　新潮文庫）

自分はそこまではないと思う人もいるかもしれません。しかし、間がもたない感覚に脅《おびや》かされ、人に対して非常に気をつかっている人は少なくないはずです。子どもはとても無邪気な世界を生きているように思われがちですが、人に気をつかい過ぎるタイプの人は、子どもの頃から、友達ができると、間がもたない感覚に脅かされ、**友達を失う不安に苛《さいな》まれる**ものです。

「何か話さなくちゃ」といった思いがプレッシャーになり、気の利いた言葉が出ない自分に嫌悪感を抱きながら、

「自分なんかといたって、面白いはずがない」

「きっと飽きられるにきまってる」

「ほかの子と遊ぶほうがずっと楽しいだろうし」

などと否定的な気持ちになります。

気持ちが萎縮し、嫌われるのを恐れるあまり、友達に必要以上に気をつかい、相手の顔色をうかがいつつ、無理して合わせるようなスタイルを身につけていきます。

「友達に合わせようという意識がとても強くて、自分のホンネを無理やり抑えつけてきた」

「友達同士でわがままを言ったり、意見をぶつけ合ったりしている子たちが、とても羨ましかった」

などというのも、嫌われるのを恐れて、自分を出さずに相手に合わせてばかりいたからといえます。

ここで気づいてほしいのは、**間がもたないのはこちらのせいばかりではない**ということです。間があくのは、相手も沈黙する時間があるからです。

もしかしたら相手も間があいてしまって、どうしようと焦っているかもしれません。

世の中ではむしろ、立て板に水タイプの饒舌《じょうぜつ》な人のほうがかえって警戒されたり軽い人だと見られたりすることもあります。朴訥《ぼくとつ》でも誠実に話す人のほうが信頼され、好感をもたれることがあります。

大事なことは、焦らず自分のペースで話すことです。まだあまり親しくない間柄なら、お天気・スポーツ・時事や旅行のネタなど、無難な話題を選べばいいでしょう。そして、だんだん親しくなるにつれて「自己開示」（35ページ参照）をしていきます。

子どもの頃からずっと相手に気をつかってきたあなたは、鋭い観察力をもち合わせています。間があいても焦らず、落ち着いて相手との会話を楽しもうとすれば、スムーズに人間関係も築いていけるはずです。

★「自分らしく」は案外難しいもの

だれかといるときに感じる不安や、だれかと会うことに対する不安を「**対人不安**」と言います。

人づきあいが苦手な人や、友達と会うのは嬉しいけれど無理して疲れるところがあるという人は、心の中に対人不安を抱えている可能性があります。

心理学者のバリー・R・シュレンカーとマーク・R・リアリィによれば、対人不安とは、現実の、あるいは想像上の対人的場面において、他者から評価されたり評価されることを予想したりすることによって生じる不安、とのことです。

つまり、自分が相手からどのように評価されるかが気になって、不安になるのです。それは、自分が望むような評価が得られないのではないかという不安ともいえます。

そこには「**自己呈示**《ていじ》」が絡んでいます。自己呈示とは、他者に対して特定の印象を与えるために、自分に関する情報を操作して与えることを指します。

つまり、このように見られたいという意図のもとに、自分の出し方を調整することです。「**印象操作**」とも言います。

これは、あらためて意識することは少ないかもしれませんが、実はだれもがごく自然にやっていることです。

たとえば、素直でおしとやかな人に見られたいという場合と、積極的でやる気の溢《あふ》れる人に見られたいという場合とでは、自分の出し方が違っているはずです。やさしい人に見られたいという場合と、たくましい人に見られたいという場合とでも、自分の出し方は違うでしょう。

先のシュレンカーとリアリィは、好ましい自己像を呈示しようという自己呈示欲求が強いほど、またその自己呈示がうまくいく主観的確率が低いほど対人不安傾向が強いという、対人不安を自己呈示に結びつけた心理学モデルを提唱しています。

対人不安の強い人は、人の目に映る自分の姿が自分が望むようなものになっていない、あるいはならないのではないか、ということが気になる人と言えます。

これを自己呈示に絡めれば、対人不安の強い人は、うまく自己呈示することで人の目に映る自分の姿を好ましいものにできるという自信の乏しい人と言うことができます。

つまり、自分が人の目にどのように映っているか、あるいは映ると予想されるかをめぐる葛藤によって生じる不安が対人不安というわけですが、そこに自己呈示が絡んでいるのです。

人からどう見られてもいいと開き直っている人、人のことなど眼中にない自分勝手な人は、対人不安など感じないでしょう。また、人に対する配慮があっても、自分に自信がある人は、それほど対人不安に脅かされることはないはずです。

しかし、引っ込み思案な人は、自分をうまく出すことができないため、対人不安に苛まれることになります。自分の魅力を効果的に示すことができる社交上手な人を羨ましく思いながら、自分はきっとよい印象を与えられないだろうなあと萎縮してしまいがちです。

さらに今は、このような生き方をすると幸せになれるという、理想の自己像をもちにくい時代といえます。男らしくとか女らしくといった「らしさ」の枠組みは薄れ、「自分らしく」生きるのがよいとされます。でも、その「**自分らしく**」**というのが最も難しい**のです。

どんな生き方が自分らしいのかがわからない。そのため、だれもが自信をもって「これが自分だ」と押し出せない。そんな時代だからこそ、どのような自分の出し方をしても、

「これでいいのだろうか」

「なんか、ちょっと違うかもしれない」

と自信がなく、

「どう思われてるんだろう」

「おかしな人だとか、イヤな人だとか、思われてないだろうか」

と気になって仕方がないのです。

自分らしさに正解、不正解はありません。また、相手にこう見られたいという気持ちは悪いものではありませんが、そこにとらわれ過ぎるのも問題です。

「自分はどうしたいか」をまず第一に考えてみませんか？

「波風を立てない」のが友情？

相手の気持ちに立ち入らない、お互いのプライバシーに踏み込まない。それがやさしさだとみなす傾向が、最近ますます強まっているように思われます。

本来、友達というのは、何でもホンネで話すことができ、気をつかうことなく気楽につきあえる相手のはずなのですが、最近では**友達や親友にまで非常に気をつかってつきあっている**ようです。

むしろ親しい友達だからこそ、嫌われたら大きなダメージを受けるということで、とくに気をつかうと言います。

その場の空気を重たくしてしまったら、こんな人と一緒にいたくないと思われてしまうかもしれない。うっかり深刻な話をしたり、逆に相手のプライバシーに踏み込んだりしたら、空気を重たくしないという暗黙のルールを守れない人物として、浮いてしまうかもしれない。友達を失うのが怖いため、不適切な話題は出さないようにと非常に気をつかわなければならないのです。

たとえば、深刻に悩んでいることがあっても、そんなことを友達に話したりしたら、空気が重たくなってしまう。重たくなるのは向こうも迷惑だろうし、退かれたらこっちが傷つく。

そう思うと、深刻な話を持ち出すことなどできない。だから、どんなに悩んでいても、友達との場では、ウケねらいの話題や差し障りのない楽しい話題で盛り上がるようにしているというのです。

こんな時代だからこそ、悩み相談など重たい話題を一手に引き受けるカウンセリングが商売として大繁盛しているわけです。

遠慮なくホンネを打ち明けられる相手はカウンセラーしかいない。そんな**不安で孤独な心理状況がそこらじゅうに蔓延《まんえん》している**と言ってよいでしょう。

私たちの心の奥に潜む「見捨てられ不安」

人からどう見られるかが気になってしようがない。相手からつまらないヤツと思われるんじゃないか、飽きられるんじゃないか、そんなことを考えてるのかと呆れられるんじゃないか、などと不安で仕方がない。

その心の中にあるのは**「見捨てられ不安」**です。これは、相手から見限られるのではないか、せっかく身近な存在になったのに離れていってしまうのではないか、という不安のことです。

「見捨てられ不安」なんて自分には無縁だ。人から見捨てられるなんて考えたことなんかないし、実際にだれかから見捨てられたこともない。そんなふうに思う人が多いかもしれません。

見捨てられるというと、強烈なイメージが喚起され、抵抗を感じるかもしれません。そして、そんなシチュエーションなど想像したくないと、だれもが思うでしょう。でも、この「見捨てられ不安」を潜在的に心の中に抱えている人は、けっして珍しくありません。

親しい相手ができると、その人が去ってしまうのではないか、その親しい間柄が束《つか》の間のものに終わってしまうのではないかといった不安に脅かされ、気持ちが落ち着かない。それは、まさに「見捨てられ不安」のなせるわざといえます。

その**親しい間柄が素晴らしいものであればあるほど、それが失われたときのショックは大きいため、「見捨てられ不安」は増大**します。

ゆえに、「見捨てられ不安」を潜在的に抱えている人は、親しい友達や恋人ができると、非常に嬉しい反面、増大していく不安に脅かされ、親密な間柄を楽しむ心の余裕を失い、楽しむよりむしろ苦痛のほうが勝ってきます。

せっかく親密な関係を手にしたのに、かえって苦しまなければならない。

このような「見捨てられ不安」に苦しめられる経験を繰り返すことで、だれかと親しくなることを恐れるようになるのです。

あなたの「見捨てられ不安」をチェック！

本人はあまり意識していなくても、心の奥底に潜む「見捨てられ不安」に影響されて、人づきあいに消極的になっていることがよくあります。

そんな人づきあいのスタイルを何とか変えられないものかと思ったなら、まずは**自分自身が抱える「見捨てられ不安」に気づくことが必要**です。

では、あなたの「見捨てられ不安」をチェックしてみましょう。

以下の各項目が自分自身にあてはまるかどうか、チェックしてみてください。

①人から何か頼まれると、なかなか断ることができない。
②人から誘われるのを待つほうで、自分から誘うということはあまりない。
③できるだけ人に負担をかけたくないという思いが強い。

④相手が不機嫌な様子だと、自分のせいじゃないかととても気になる。
⑤メールの返信がないと、避けられているかも、と思い、とても不安になる。
⑥電話が通じないと、なんで出ないのだろうと不安になり、何度もかけてしまう。
⑦相手からどう思われるかを気にし過ぎて、なかなか自分を出せない。
⑧場を盛り上げるためにピエロを演じることがよくある。
⑨相手の気持ちを傷つけないように、ものの言い方には人一倍気をつかう。
⑩友達からの誘いをなかなか断れない。
⑪友達と遊ぶときなど、どこに行き、何をするなど、いつも相手に合わせる。
⑫意見が対立すると気まずいから、あまり自己主張はしないようにしている。
⑬関係が壊れるのが怖くて、わがままや自分の意見は言えない。
⑭無理していい人を演じている自分に疲れることがある。
⑮相手の機嫌をとるようなことを言う。
⑯いつも周囲の人の機嫌をうかがっているようなところがある。
⑰友達といるときなど、雰囲気を盛り上げようと頑張ってしまう。

⑱みんなと別れて一人になったとたんに、ドッと疲れが出ることがある。
⑲ほかの人が誘われて自分に声がかからないと、とても気になる。
⑳スレ違いなどで気まずくなると、すぐに自分から関係を修復しようとする。

どうでしたか？

あてはまる項目はどのくらいありましたか？

このチェックリストには、何項目以上あてはまるとダメだといった基準はありません。

「見捨てられ不安」というのは、乳幼児の頃の親子の愛着関係にその根っこがあり、**多かれ少なかれ、だれもが心の奥底に抱えているもの**です。だから、ある程度はあてはまる項目があって当然と言えます。

ただし、あまりに多くの項目があてはまるようなら、「見捨てられ不安」が日頃の人づきあいをかなり窮屈なものにしている可能性を疑ってみる必要があるでしょう。

3章以降で、「見捨てられ不安」を潜在的に抱えている人がとりやすい行動のパターンについて述べていきます。

先のチェックリストで、自分は「見捨てられ不安」に脅かされているようなところがあるなと感じたら、以下の各章を参考にして、自分自身の日頃の人づきあいのスタイルを改善していきましょう。

3章

今の対人関係を振り返ってみよう

――一歩踏み出す勇気

★「誘って断られたら傷つく」から誘わない

親しくなりたい人には近づき、あまり親しくなりたくない人には距離を置く。これは生きていく上で必要な処世術です。

ところが、心の奥底に強い「見捨てられ不安」を抱える人は、**親しくなりたい相手にも距離を置こうとしてしまいます**。その結果、なかなか人と親密な関係になることができません。

感じのいい人だなあ。あの人と仲良くなれたらいいのになあ。そんなふうに思える相手が目の前にいて、親しく話しかけることによって距離を縮めるチャンスはあるのに、自分からアプローチすることができない。そんなことはありませんか？

知り合いになりたいとか、もっと親しくなりたいという思いがあるのに、なぜか近づくのを躊躇してしまう。ここで一歩踏み出さないと距離は縮まらないし、思い切って一歩踏み出せば親しくなれるかもしれないと思うのだけれど、距離を置いたつきあいでお茶を濁してしまう。なぜなのか、自分でも理由がわからない。

そんな悩みを訴える人は少なくありません。

たとえば、何かの会で知り合い、とても話が弾み、好感のもてる相手だし、わりと気の合う人だなあと感じ、もっと仲良くなりたいなと思ったとしましょう。

積極的な人であれば、もっと知り合いたいという相手と出会ったなら、メールアドレスや携帯電話の番号の交換をしたり、一緒に帰ろうとしたり、帰りがけに「お茶でもしていきませんか」と誘ったりと、さまざまなアプローチの可能性を模索するはずです。

でも、「見捨てられ不安」に脅かされている人は、相手に好意をもっているからこそ、よけいにそうした距離を縮める行動を気軽にとることができません。

いきなり初対面でメールアドレスや携帯電話の番号を交換しようなんて言った

ら失礼かもしれないといった思いや、嫌がられたら気まずくなるなどといった思いが脳裏をかすめます。

一緒に帰ろうとか、帰りがけにお茶をして行こうなんてちょっと強引かなと思ったり、相手は急いでいるかもしれないし迷惑かもしれないなと思ったり、もし誘って断られたら傷つくしと思ったりしているうちに、誘いたいという気持ちが萎えてしまいます。

そこには「見捨てられ不安」の心理メカニズムが働いているといえます。

★「好きだから断ってしまう」理由

友達グループでよく一緒に行動している仲間の一人の異性のことが好きになってしまった。個人的につきあえたらいいのにと思うのだけれど、そんな自分の思いを伝えることができず、ほかの人と話しているのを見てヤキモキする。

職場で日常的に接する人の中に、素敵だなあと思う異性がいる。仕事上のやりとりの合間に親しげな言葉を交わすこともあり、向こうからも好感をもたれているだろうと感じるのに、いざお茶の誘いや食事の誘いを受けるととっさに断ってしまう。あとで思い返すと、すごく嬉しいし、喜んで受けたいのに、なぜか反射的に断っている。そんな自分がもどかしい。

このように**素直に一歩踏み出すことができない自分**をもてあましている人がけっこういるものです。

好きでたまらないのに告白できないという心理は、多くの人が共感できるはずです。親しい言葉を交わす関係であっても、相手は重たくなるのを求めていないかもしれない。思い切って告白して、もし断られたら、自分がひどく傷つくし、気まずくなって、これまでのようなよい関係ではいられなくなる。

そんなリスクを負うよりは、片思いのまま仲良くしているほうがいい。そんなためらいは、だれもが経験するものと言えます。

もしも相手が、今のままの軽い関係でいたいと思っていたとしたら、うっかり告白することで、向こうが退いていく可能性も排除できません。

また、相手に別に好きな人がいたとしたら、告白しても断られるでしょうから、気まずくなって、これまで通りではいられないかもしれません。

仲のよい異性の友達なら複数いてもいいけれど、恋人となると一人に限定されるため、相手が一歩退いていく可能性も十分あります。


しかし、ここで問題となるのは、せっかく相手が誘ってくれているのに、心ならずも躊躇してしまうようなケースです。

日頃の親しげな雰囲気からして、好意をもたれていると思ってほぼ間違いなさそう。今、アプローチすればうまくいくのではないかとも思うし、周囲からもそう言われる。でも、断られるのが怖くてアプローチできずにいた。

そんなとき、相手から個人的に誘ってきた。これは願ってもないチャンス！なのに、誘いを受けるのを躊躇している自分がいる……。

それはもどかしいはずです。雰囲気からしてうまくいきそうだと思っていた相手、好きで好きでたまらない相手が誘ってきたのだから、**どうみても断る理由がないわけです**。

どうしてこんな絶好のチャンスをみすみす逃すようなことをするのでしょうか。

ここにも「見捨てられ不安」の心理メカニズムが強く影響しているのです。

「理想の自分像を守る」ためにやってしまうこと

近づきたいけれど距離を縮められないことの背後にあるのは、**本気になるのが怖い心理**です。本気になるということは、無防備さにつながります。

だれでも普段から多少は強がっているものです。動揺するようなことがあっても、不安な面や弱気な面は極力出さないようにして、平静を保とうとします。

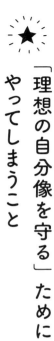

わがままを言ったり甘えたりしたいときも、嫉妬心が湧いてきたときも、そうした〝自己チュー〟な気持ちはできるだけ抑えて、いい人を演じようとします。でも本気になると、そうした抑制がきかなくなります。

相手に近づきたい、一体化したいといった衝動に駆られると、無防備にならざるを得ません。

相手との距離を縮めるには、心の鎧《よろい》を脱ぎ捨てて、普段は見せないプライベートな顔を見せる必要があります。

カッコつけていたら距離は縮まりません。自分を正直にさらけ出さなければならないのです。

そうなると、普段は人に見られないようにしている不安な面や弱気な面、わがままな面や嫉妬深い面など、自分の中のネガティブな面も見られてしまうことになります。それは大きな脅威です。

一番怖いのは、

「こんな人だとは思わなかった」

と失望されてしまうことです。心の鎧を脱ぎ捨てて、ありのままの自分を見せた結果、情けない自分や自己チューな自分、カッコ悪い自分を見た相手が失望するというのは、実際によくあることです。

距離があるうちはだれでも無理をしてでもいい人を装うものだし、好意的に見ている相手を理想化するものです。

ゆえに、距離が縮まり、相手の素顔を見て幻想を打ち砕かれるというのは、ごくふつうにだれにでもあることです。

でも、そうした危機を乗り越えてこそ、親密な関係が築かれていくのです。

素顔にガッカリすることもあるかもしれませんが、生身の人間というのは、カッコいいだけでは生きていけません。

模範的、理想的なだけの人間では、ハッキリ言って面白味もないし、一緒にいても窮屈でしようがないはずです。**多少の弱点があってこそ、人間味につながるし、つきあいやすくもなる**はずです。

お互いに理想化していた相手のイメージを現実の相手の姿に合わせて修正していくことで、居心地のよい関係に変えていくことができるのです。

でも、「見捨てられ不安」が強いと、そのように開き直ることができません。

「拒否されたらどうしよう」

「嫌われたら大変だ」

といった気持ちばかりが先走り、冷静に考えることができなくなります。今の良好な関係を失うリスクを考え、そうなったときの辛さを思うと、**本気になるのが怖くなる**のです。

その結果、好きで好きでたまらないのに、拒否されるのが怖くて、本気で相手に向き合うことができません。相手から好意をほのめかされたとしても、一歩踏み出すことができないのです。

そのうち、相手に恋人候補ができても、心ならずも応援するようなことを言ってしまう自分がいて、

「何をやってるんだろう、私は……」

と、自分自身に呆れ、自己嫌悪に陥る始末です。それはいったいなぜでしょうか？

「近づかないとわからない」のが人間関係

どうしても一歩踏み出すことができないのは、相手の反応を恐れるからです。1章でも指摘したように、自分を率直に出さないと相手との距離は縮まらないとわかっていても、相手がどんな反応をするかが不安で自分を出せないのです。

自分を出す、つまり「自己開示」をするには勇気が必要です。性格、価値観や経験が違えば、わかってもらえないこともあります。

そのためネガティブな反応を返されることもあるでしょう。でも、それは仕方のないことです。

世の中にはいろんな人がいます。

見た目で気に入って、表面的な話を楽しんでいるうちは何も違和感がなかったのに、深い話をするようになり、お互いのプライベートな顔が見えてくると、どうも自分とは違う世界の住人だなと感じることがあります。それがわかったら再び距離を置けばよいのです。

とくに価値観の合わない相手と親密な関係になれば、あとで苦しむことになります。早めにわかってよかったと思えばいいことです。

こちらが思い切って打ち明けた内面的な話に対して、まともに反応することなく、軽くかわされたら、自分とは感受性が違って共感できないんだなと見当がつきます。これ以上距離を縮めて親密になるのは難しいな、とわかります。

呆れるような反応やバカにするような反応をされたら、とても親しくつきあえるような相手ではないとわかります。あまり深入りしないうちにわかってラッキーとも言えるのです。

いずれにしても、思い切って自分を出したから相手がどんな人かがわかるわけで、自分を抑えた浅いつきあいをしているうちはお互いの相性などつかめません。

友達と密に接してきた人は、自分を適度に出しながら相手の反応を見て、その先の距離のとり方を調整することができます。

　でも、友達とあまり密につきあったことがない人は、そういうことができないため、相手からネガティブな反応があるとひどく傷つき、人に対して心を開けなくなってしまいます。人との距離を縮めるのは怖い、もうイヤだと過剰反応を示しがちです。

　そのようなタイプの人は、**人間には相性というものがあり、だれとでもわかり合えるわけではない**、ということをあらためて心に刻むことが大切です。

　今回は運悪くわかり合えない相手だっただけで、つぎはどんな人とめぐり合うかわからないし、そのときはまたちょっと自分を出してみて確かめればいい。

　そんなふうに試行錯誤の精神をもつことで、人間関係をラクに築くことができるようになります。

★「本当は好きなのに別れを切り出す」気持ち

諦《あきら》めグセが抜けないのも、「見捨てられ不安」のせいといえます。

Gさんは、つきあっていた男性がいたけど、自分から別れを切り出して終わりにしたと言います。その人のことがとても好きだったし、**別れを切り出した時点でも、それまでと同じように好きだった**そうです。

では、なぜ自分から別れを切り出したりしたのかと疑問に思うでしょう。

Gさんによれば、以前は毎週のように金曜の晩か土曜日に一緒に食事をしたり、どこかに遊びに行ったりしていたそうです。それが、このところ仕事が忙しくなってきたという理由で、隔週になったり、2週連続で会えないことがあったりして、自分が愛されてるという自信がなくなってきたと言います。

彼は仕事が忙しくて会えないと言うけど、それは口実で、本当は私に飽きたのかもしれない……。でも、やさしい性格だから、そのことを自分から言うことができなくて、私が察して離れていくのを待っているんじゃないか……。

そんなことを思い始めたら、デート中の彼の様子が以前よりもよそよそしく感じられるようになったと言います。

そして、デート中もそんなことばかり考えていると、急に自信がなくなってきて、

「もう、ダメ」

という気持ちに。とうとう自分から別れを切り出してしまったというのです。

ある日突然、相手から別れを告げられて大きなショックを受けるくらいなら、自分から離れ

てしまうほうがマシだ。見捨てられて、突然のことに動揺し、ひどく傷つくよりも、その前に自分から諦めてしまったほうが傷が浅くてすむ。そんな心理が働いたと言えます。

でも、もしかしたら、彼は本当に仕事で忙しいだけで、Gさんに対する思いには何の変化もなかったのかもしれません。一緒にいるときの様子がよそよそしく感じられたのは、Gさん自身の不安心理が投影されたからかもしれません。

実際、**自分に自信がないと、相手の言葉や態度のもつ意味をネガティブな方向に歪《ゆが》めて解釈してしまいがち**です。

結局、Gさんは自分自身の心の深層に潜む「見捨てられ不安」のせいで、せっかくの関係を自ら捨ててしまった可能性が拭《ぬぐ》えません。

「見捨てられ不安」を克服しておかないと、Gさんのように、本来なら手放さなくてもいい大切な関係を自分から台無しにしてしまうこともあるのです。

「過剰適応」でいつも損してませんか？

「見捨てられ不安」を抱えていると、自己主張ができず、常に相手の顔色をうかがうようになってしまいます。

Hさんは、同期の友達から、

「同僚だし対等なんだから、何でも遠慮なく思ったことを言えばいいのに、何でいつも何も言ってくれないの？　友達なのに、何だかさびしい……」

と言われ、自分の抱える問題をあらためて意識したと言います。

Hさんは、以前から自己主張をするのが苦手でした。同期の仲間たちで飲みに行き、みんなで上司や先輩への不満や愚痴を言いたい放題言ったりしていても、自分は聞いているだけで、あまり思っていることを口にしない。

ときに意見が対立して激しい議論になることがあっても傍観しているだけで、

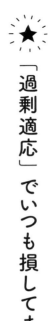

議論には加わらない。そこを同期の友達から指摘されたというわけです。
そう言われて、自分がいつも人の顔色をうかがっているように思われているのだと気づき、ちょっとショックだったと言います。そんなとき、雑誌の特集で「過剰適応の病理」の話を読んで、自分はまさにこれだと思ったそうです。

人は自己主張はほどほどにし、周囲にうまく合わせることができないと、順調な社会生活を送ることはできません。人に合わせることなく、自己主張ばかりしている人は、協調性がないと思われ、集団から排除されてしまいます。ゆえに、自己主張を抑えて、周囲に合わせることが、社会適応のための必須の条件になります。

ところが、社会適応を意識し過ぎるあまり、**周囲に合わせてばかりで自己主張がまったくできない人**がいます。これを心理学では「**過剰適応**」と言います。適応し過ぎ、つまり周囲に合わせ過ぎなのです。

過剰適応傾向のある人は、無理をして自分を抑え過ぎているため、ストレスをため込みやすいという問題があります。さらに問題なのは、人の顔色をうかがって自分を抑え過ぎているために、活き活きしたところがなく、影も薄くなり、魅力的に見えなくなるということです。

まわりの人のことを考えて自己主張を抑えているのに、かえって魅力のない人物と見られてしまう。これでは報われませんし、何よりもったいないことです。

では、なぜ、そんな報われない行動パターンをとってしまうのか。

ここにも「見捨てられ不安」が深くかかわっています。うっかり自己主張をして、相手が気分を害したら大変だ。そんな思いから、自分の思うことが言えなくなってしまうのです。

勇気を出して、まずは自分の思いや考えを表明してみましょう。

「今日はこの店に飲みに行ってみない？」

「私の考えは○○さんの意見のほうに近いかな」

といった、些細なことでいいのです。

自己主張したからといって案外どうということはないとわかるはずです。むしろ、日頃何も自己主張しない人が自分の意見をハッキリ述べたということで、あなたを見直すことになるかもしれません。

★「甘えられると嬉しくなる」のが人間

　Iさんは、遠慮がちな性格です。まわりを見ると、ずうずうしいくらいの人のほうがだれとでも仲良くなれたり、上司からも可愛がられたりしています。ときに、それは失礼なんじゃないかと危惧《きぐ》するような場面もあるけれども、上司はニコニコと嬉しそうにしている。自分は上司に対して、とてもあんな態度はとれない。見ていて、ずるいと思うし、羨ましいけれども、自分には真似できないし、損な性格だと思うと言います。

　Iさんは**遠慮し過ぎて、人に甘えることができない**のです。甘えは、度が過ぎれば失礼になるし、うんざりされるでしょうが、適度なら人と人の心理的距離を縮める効果をもたらします。遠慮というのは、礼儀という点でとても大切なことですが、行き過ぎると距離を感じさせ、親密な間柄になるのを阻害します。

言い換えると、Iさんのような人は、遠慮と甘えのバランスがうまくとれないのです。上司の側の立場に立ってみると、遠慮し過ぎのIさんがかしこまった態度で接してくると、ざっくばらんなものの言い方はなかなかできません。上司も、うっかり気分を害させるようなことは言えないな、とIさんに気をつかってしまいます。

それに対して、ずうずうしいくらいに遠慮のない部下になら、軽くたしなめたり、茶化したりしながら仕事の仕方を注意したりと、上司も遠慮なくものを言うことができます。そうした相互作用によって、お互いの心理的距離が縮まっていくのです。

このような人にアドバイスしたいのは「**ギブ・アンド・テイクを意識する**」ということです。「してもらう」のを遠慮して拒否していたら距離は遠いままです。「してもらった」なら、別の機会に「してあげる」ことでバランスをとればいいのです。おごってくれるという申し出に甘えておごってもらったら、つぎに飲むときはこちらがおごるとか、旅行や出張に行ったらおみやげを買ってくるとか、何でもいいのです。もちろんTPOは考える必要がありますが、上司とのやりとりも、くだけた感じで声をかけられたときには、思い切ってくだけたスタイルで返事をしてみる。そうしたやりとりを通して距離が縮まっていき、お互いに親近感を抱くようになるのです。

Ｉさんのように気をつかい過ぎる人は、たとえばコンパなど飲み会の席でも自然に型を崩すことができません。周囲の人がくつろいだ感じで遠慮なしに言いたいことを言っていても、

「こんなことを言ったら失礼にならないだろうか」

「いくらアルコールが入ったといっても、あまりなれなれしい態度は控えないと」

などといった思いが強過ぎるため、なかなか型を崩せないのです。

相手への気づかいができることは素晴らしいことですが、ときにはアルコールの力を借りてでも、いつもの型を取り払って、これまでのつきあい方を変えてみてはいかがでしょうか。

飲み会の席は気をつかい過ぎる自分を変えるチャンス！

肩の力を抜いて、ひと言ずつでも普段と変えてみることで、自然と相手との距離のとり方もうまくなっていくはずです。

4章

何のための人づきあいですか？

——実りのある人間関係

「仲良くなるほどイライラが増す」心理

人それぞれに人間関係のパターンがあります。相手は違っても自分はいつも似たような問題が起こることが多い。人づきあいで同じような失敗を繰り返している。そんなことはないですか？

Jさんは、友達になりたての頃はたいていうまくいくけれど、仲良くなると諍《いさか》いがたえなくなって、結局気まずくなり、お互いに距離を置くようになるそうです。知り合った頃にはあまり気にならなかった相手の、**ちょっとしたクセやものの考え方にイライラ**するようになり、つい文句を言いたくなる。

自分のクセや考え方にいちいちケチをつけられたら、だれだって面白くないだろう。そんなことくらいわかっているのに、相手のクセの気になるところを注意したり、考え方の間違っているところを指摘したりする。それでしだいに疎遠になっていく。いつもこのパターンの繰り返し。そんな自分にうんざりしていると言います。

それにしても、親しい相手ほど大切にしないといけないのに、どうして親しくなるにつれて文句を言うようになってしまうのでしょうか。

もう一人の例を見てみましょう。Kさんは、どうも自分は恋愛というものに向いてないようだと言います。というのも、何度失敗しても、懲《こ》りずに同じような失敗ばかり繰り返してしまうからだと言うのです。つきあいの浅いうちは良好な関係でいられるのに、つきあいが深まるにつれて、相手のちょっとしたものの言い方にカチンときたり、自分と違う習慣があると変えさせたくなったり、考え方も気に入らない点があると指摘したくなったりする。そして、

よけいなことを言って、相手が気分を害するようなことをしてしまう。

たとえば、

「そういう言い方はよくないんじゃない？」

「そのクセは直したほうがいいよ。感じ悪いから」

「その態度にいつもイライラするんだよ。もうちょっと相手の気持ちを考えるようにしないと」

などと、説教じみた言い方をしてしまう。そんなことが重なって、いつもケンカ別れになる。はじめのうちは気にならなかったはずなのに、なぜつきあいが深まると気になり出すのでしょうか。

もしかしたら最初から気になっていたのかもしれませんが、つきあいが浅いうちは我慢できたのに、なぜ、**つきあいが深まるにつれて我慢できなくなる**のでしょうか。

親密な関係になるほど相手の態度にイライラするようになるといった傾向は、だれにもあるものです。しかし、自己嫌悪に陥るほど失敗を繰り返す人たちには、ある問題があるのです。

★裏切られたという思いは「期待」の裏返し

もう1例見てみましょう。Lさんは、好きでも何でもない相手だったら気にならないのに、つきあっている相手に対しては、「許せない！」という思いに駆られることがよくあると言います。

忍耐強さがなくなり、やたらと文句を言ったり、要求したり、非難がましいことを言ったりしてしまうのです。

たとえば、日曜日のデートを楽しみにしていたのに、当日の朝になって、彼が都合が悪くなったから来週にしてほしいと言ってきたりすると、口では、

「あ、そうなんだ。わかった。じゃあ、また来週ね」

と言って、平静を装うものの、心の中では文句たらたらで、

「当日のドタキャンって、どうなの？　都合が悪いんなら、もっと早く言えばい

いでしょ！」

「あんなに楽しみにしていた私の気持ちはどうしてくれるの？」

「せっかくの気分が、今日1日、まるで台無しじゃない！」

と心の中で文句を言い続けます。

Lさんは、普段は穏やかな人柄で、だれとでもうまくつきあっていけるタイプなのに、恋人に対してだけ、なぜか穏やかでいられないことが頻繁にあって自分でも困っていると言います。

「どう説明したらいいか、よくわからないんですけど、ふつうの友達からドタキャンされても淡々としていられるのに、彼からドタキャンされると、もう冷静ではいられなくて、ものすごく感情的な反応が私の心の中に渦巻くのがわかるんです。裏切られたっていう、そんな気持ちですね」

裏切られたような気持ち。それは、**相手への強い期待の裏返し**です。ものすごく楽しみにしていたからこそ、裏切られたような気持ちになって、心の底からガッカリするのです。ドタキャンにかぎらず、こちらの思いを察してくれないとき、

こちらの期待するような反応をしてくれないとき、

「なんでわかってくれないの！」

「わかってくれたっていいじゃない！」

「どうしてそうしてくれないの！」

「なぜ、こっちの気持ちを踏みにじるようなことが平気でできるの！」

と、裏切られたような気持ちになります。


とくに、恋人のような身近な相手に対しては、何でもわかってくれるはずと過剰な期待を抱いているため、期待通りの反応が得られないと、裏切られたような気持ちになるのです。

相手を自分の分身のように思っているからこそ、よけいに腹が立つのです。その結果、心にもないきついことを口にしてしまうこともあるのです。

では、次項でその心理メカニズムを説明しましょう。

★「好きな人とは同じ考え」と思っていませんか？

自分が大切に思う人だから、何があっても許してあげたい。そうした気持ちがある一方で、ほかの人なら許せることでも、特別好きな相手だとなぜか許せなくなってしまう。それは、**「心理的一体感」**があるためです。

好きな相手に対しては、何でも自分と同じだとか似ていると思い込む習性が私たちにはあります。

そこで何か相容《あいい》れない点が見つかったりすると、同じでなければいけないといった思いに駆られ、裏切られたような気持ちになるのです。

先に紹介したJさん、Kさんの例も同様です。

カウンセリングに訪れた別のある女性は、その「心理的一体感」をつぎのように語りました。

自分は彼とのデートを何よりも優先している。仮に友達と遊びに行く予定が先に入っていた場合でも、彼から誘われると友達との予定をキャンセルして、彼とのデートを優先させる。

それなのに彼は、こちらから誘ったときに、彼のほうに先に友達との予定が入っていると、

「ごめん。その日は友達と遊びに行く約束があるんだ」

と平気で言う。自分がいつも彼のことを最優先しているのはわかっているくせに、どうしてそんな冷たいことが言えるのだろう。無神経過ぎるじゃないかと、ひどく腹が立つ、と言うのです。

また、あるときは、彼がクリスマスに友達カップルとディズニーランドでWデートをすることを決めてしまい、裏切られたような気持ちになったそうです。

彼女は、クリスマスは二人だけで過ごしたいと思っていたのです。

「なぜ私の気持ちをわかってくれないんだろう。恋人なら私の気持ちを察してくれたっていいじゃない。というより、そのくらい察するべきでしょ」

そう思うと、頭にきて、せっかくのクリスマスも素直に楽しめない気分になっ

てしまいました。

このように、**好きな人と自分は一緒なのだと思い込もうとするクセ**が私たちにはあります。

そうした心理的一体感があるために、

「自分が思っていることは、相手も思っているはず」

「自分が何を望んでいるかは、相手も察してくれているはず」

「自分がイヤなことは、相手もイヤなはず」

などと、勝手に思い込んでしまいます。

でも実際には、どんなに好きな相手でも、何を思って、どうしてほしいかを察し切れないこともあります。そんなとき、心理的一体感を強く感じる相手に対して、裏切られたような感情が湧いてきます。それが「許せない」という気持ちを生んだりするのです。

ここに親密な関係を維持することの難しさがあります。

どんなに親しくなっても「わからないこと」はある

どんなに親しい間柄であっても、人と人の間には、どうしても乗り越えることのできない溝があります。

何でもわかり合えると思っていた親友にも、自分のこの気持ちは理解できないようだ。いくら説明してもわかってもらえない。そんなとき、無性にさびしさを感じ、やるせない思いに苛《さいな》まれます。

一緒の世界を生きているつもりでいた恋人とちょっとしたことで言い争いになって、相手の言い分を聴いているうちに、感受性が自分とまったく違っているのに気づき、どうしたらわかり合えるんだろうと戸惑う。

そんなとき、やっぱり一心同体っていうことはないんだなあと痛感させられ、さびしさに襲われます。

このようにさびしい気持ちに襲われるのは辛い経験ではありますが、それが人間的な強さを与えてくれます。ぶれない自分になるきっかけを与えてくれるのです。

人間には、**自分はだれとも異なる独自の存在**であり、自分の人生は自分で背負っていかなければならない、**どんなに親しい間柄でもわからないことはたくさんある**、と自覚しなければならない面があります。

それを「**個別性の自覚**」と言います。厳しくさびしいこともあるでしょうが、まずは自分という〝個〟を確立させること。それができれば、どんな相手とも良好な関係を築けるはずです。

★「自分勝手な期待」はやめましょう

ほかの人がしてもそんなに気にならないのに、好きな人だと気になってしようがない。

ほかの人だととくに腹も立たないのに、好きな人だと怒りが込み上げてくる。

そうした心理を生み出す要因として、前項で解説した心理的一体感のほかに、「**日本的マゾヒズム**」があります。

こちらがしてあげたことに対して感謝する様子もない相手のことを「許せない」と思うようなことはありませんか。

たとえば、いつも彼のためを思って行動しているのに、彼はこちらのことをまったく考えてくれない。

何でも彼の都合を優先しているのに、彼はこちらの都合に配慮してくれない。

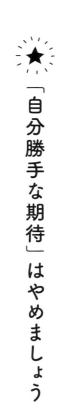

どんなときも彼の要求に合わせているのに、彼はこちらの要求に全然合わせてくれない。

そのようなとき、「私はいつも～してあげているのに……」といった**恩着せがましい思い**が湧いてくるのではないでしょうか。それが裏切られたような気持ちにつながるのです。

相手の気持ちを汲《く》み、相手の都合や希望を優先し、相手によくしてあげれば、向こうもこちらによくしてくれるはずと期待します。

こちらが自分の気持ちや都合を抑えて、相手のためを思って行動していれば、きっとこちらの思いを察して、こちらにもよくしてくれるだろうと期待します。**こちらが犠牲を払って尽くしていれば、相手も必ず報いてくれるはず**だと期待するのです。これが日本的マゾヒズムの心理です。

それなのに相手がそうした期待通りに動いてくれないときに、裏切られたような気持ちになります。

その結果、こちらの期待を裏切る相手、気持ちの通じない相手に対して、許せないという思いが込み上げてきて、つい攻撃的な態度をとってしまうことになるわけです。

献身と自己犠牲と許しによって自発的な罪悪感を相手の心の中に引き起こし、情緒に訴えることで相手を自分の望むように動かしていく。そのような形で相手を支配しようとするのが日本的マゾヒズムです。

まるで「堪忍袋《かんにんぶくろ》の緒《お》が切れた」と言わんばかりに、家族や恋人や親友、あるいは職場の上司のことをこき下ろす人がいます。

「こんなに尽くしてきたのに」「いつもあなたのためを思って行動してきたのに」「自分は我慢して、あなたのことを最優先してきたのに」というような背景があって、堪忍袋の緒が切れるわけですが、そのような相手本位のあり方も日本的マゾヒズムと深く結びついています。

精神分析学者の小此木啓吾《おこのぎけいご》氏によれば、日本的マゾヒズムはつぎのような心理的要素から成り立っています（『阿闍世《あじゃせ》コンプレックス』小此木啓吾・北山修編　創元社）。
①相手への一体感と相手の身になっての思いやり。

②自らの権利の主張を控え、無私になろうとする努力。
③相手のわがまま勝手を甘えとみなしてゆるす包容力。
④いつかは相手がこの自分に対して自発的罪悪感を起こすことへの暗黙の期待。
⑤この種の自分の生き方に対する周囲の評価、感謝や尊敬への願望。

つまり、常に相手の身になって考えてあげて、自分の要求や気持ちは極力相手に合わせ、相手の望むことは何でも受け入れようとするなど、自己犠牲的に尽くしていればきっと報われる、という思いが基本になっています。

なぜ報われるのかといえば、相手はこちらの自己犠牲的な貢献に対して、申し訳ないという思いになり、その**お返しとして何とか報いなければと思うから**です。

ところが、相手が報いてくれないとき、自分の信じていた期待が裏切られます。それは結局、自分勝手な期待を相手に向けていただけなのですが、その裏切られた思いが攻撃的な言動を引き起こすのです。

★「好きになるほど腹が立つ」、なぜ？

好きな人なら、こちらももっと忍耐強く対応してもよさそうなものなのに、好きな人ほど腹が立つことが多くなってしまう。

そのような人と人の心理的距離をめぐる葛藤をわかりやすく説明したのが、精神分析学者のジークムント・フロイトです。フロイトは、哲学者のアルトゥル・ショーペンハウエルが描写したヤマアラシの寓話《ぐうわ》をもとに、「**ヤマアラシ・ジレンマ**」という概念を導入しました。

ある冬の寒い日、凍えそうになったヤマアラシの群れが、お互いの身体を温め合おうと身を寄せ合った。そうすることで冷たい風にさらされる部分が減るため、温かくなる。

「これは温かいぞ、もっと近づこう」と、さらに距離を縮めると、お互いのトゲが相手に突き刺さり、痛みが走る。「痛っ!」と飛び退く。

だが、離れると寒風にもろにさらされて、寒くて仕方がない。そこで再び近づく。温かい。さらに近づく。痛い。飛び退く。寒い。こんなことを何度も繰り返した末に、ヤマアラシたちは、お互いに傷つけ合わずに温め合うことができる適度な距離をとることができるようになった。これが「ヤマアラシ・ジレンマ」です(ショーペンハウエルによる寓話と、フロイトによるその紹介をもとに、わかりやすい形に再構成してみました)。


親しくなるほど衝突が多くなるのは、**心理的距離が縮まると遠慮がなくなり、お互いにわがままが出やすくなる**からです。

関係の浅い相手なら気にならないことも、親しい相手だとちょっとしたことでも気になります。ときに許せないという思いに駆られたりするのも、距離が近くなると自分を抑えることがなくなっていくからです。

そうした心理的距離と対人葛藤のメカニズムを見事に説明してくれるのが、

「ヤマアラシ・ジレンマ」というとらえ方です。

もう一つ、「ヤマアラシ・ジレンマ」が教えてくれるのは、親しい相手と衝突を繰り返すことによって、私たちは**傷つけ合わないですむ、ほどよい距離のとり方**を身につけていくのだということです。

親しくなると衝突が多くなる。せっかく仲良くなったのに、お互いを傷つけ合うようなことになってしまう。だから、もう人との距離を縮めるのはやめよう。わがままで醜《みにく》い自分を見るのはイヤだし、傷つけられるのもイヤだから。

そんなふうに言う人がいますが、親しい相手と傷つけ合う経験を重ねることで、うまい距離のとり方がわかってくるのです。傷つくのがイヤだからとはじめから逃げていたら、いつまでたっても親しい相手はできません。

痛い思いをしても、そのあとには必ず楽しみやぬくもりがあるものです。

大丈夫！　人はそんなに弱くはありません。勇気を出して、相手に近づいてみませんか？

★「嫉妬深い自分がイヤなんです」

これまで説明してきた心理的一体感、日本的マゾヒズム、ヤマアラシ・ジレンマといったものに加えて、「見捨てられ不安」も加わって、親密な間柄に絡まると、いろいろとややこしい問題が生じることになります。

Mさんは、日頃から仲良くしている職場の同僚が、異常に嫉妬深くて困っていると言います。

「普段はとても感じがよくて、昼もたいてい一緒に会社のまわりに食べに行って楽しくお喋りしてるし、帰りに一緒にお茶したり、ショッピングしたりして、親しくしてるんです。困るのは、異常に嫉妬深いところなんです」

いったい、どんなふうに嫉妬深いのか、いくつかの実例をあげて説明してくれました。

「ある日のお昼休み、彼女は仕事で出かけたまま戻ってこなかったので、別の部署にいる友達に声をかけて一緒に食べに行ったんです。戻ってみると彼女がいて、一人で食べに行ったの？　と訊《き》くから、○○さんに声をかけて一緒に行ったと答えたら、なんか気まずい雰囲気になってしまって。その日の午後はずっと無口で、話しかけてもぎこちない感じで……」

「女子会みたいに職場の女の子たちで飲みに行くことがよくあるんですが、いつも彼女と私は隣同士で座るんです。でも、途中でいろいろ席を替わることがあるじゃないですか。で、別の子と盛り上がったりしてから元の席に戻ると、彼女の様子がおかしいんです。なんか妙によそよそしくて、凍りつくような拒否的な雰囲気で、困っちゃうんです。そんなときは、またか、参ったなあ、っていう感じで、うんざりするんですけど、仕方がないから楽しげな話題を出したり、彼女をからかったりして、二人の世界に浸っていると、そのうち機嫌が直ってくるんです。悪い子じゃないし、基本的には好きなんですけど、めんどくさい子だなあって思っちゃうこともあります」

そう語るMさんは、その親しい同僚の態度が理解できないと言います。


この事例では、その同僚の心の底にある強烈な「見捨てられ不安」がMさんを手こずらせているとみなすことができます。

Mさんの同僚のような人がカウンセリングにやって来ることがありますが、実は本人も**自分の異常な嫉妬深さ**に気づいていて、こんなことでは嫌われてしまうといった不安に怯《おび》えているのです。

それにもかかわらず、嫉妬心を抑えることができずに、相手に対して不快な態度をとってしまう。**そんな自分がイヤだ、何とか変わりたい**と悩んでいたりします。

結局、心の奥底にある「見捨てられ不安」に気づき、それを克服しないかぎり、嫉妬深いイヤな自分から脱することはできないのです。

★恋人同士だともっと厄介なことに

同性同士であっても、このように相手を困惑させるほどの嫉妬深さが生まれます。これが恋人同士になると、もっと深刻に相手を困らせ、戸惑わせることになります。

Nさんは、もう何年もつきあっている女性がいて、結婚してもいいかなと思いつつ、気がかりなことがあって、決断がつかないままでいると言います。その気がかりなことというのが、彼女の異常なまでの〝嫉妬深さ〟でした。

こちらは何も悪いことをしてないのに嫉妬され、攻撃的なことを言われたりすると、結婚して大丈夫なのか、と不安になってしまうというのです。

「それが、本当に異常としか思えないんですよ。たとえば、学生時代の仲間で集まるときは、彼女も一緒に行くんですが、ほかにも女性がいるわけです。飲み会なんだからワイワイと、同性だけでなく異性の子と盛り上がって話す場面だって当然あるでしょ。でも、そんなことをしたら、あとで大変なことになるんです」

「終わってから二人で帰ろうとすると、わざと無視して一人で帰って行きます。仕方なく一人で電車に乗ると、彼女から『浮気者』『裏切り者』とか、『すごく気が合ってたね』『あっちの人のほうが好みなのね』とか、こっちを非難する攻撃的なラインがつぎつぎに来て、冷静に返しても、怒りは収まらないようで、『もうおしまいね』『さようなら』なんて書いてきたりするんです。

　こっちは何も悪いことをしてないのに責められるのは納得いかないし、はじめの頃は、こっちも意地になって反論したんですけど、そうすると険悪になるばかりなんです。結局、こっちが折れるしかない。

　それがわかってきて、今ではとにかく関係の修復に努めるようにしています。数日間、ラインや電話で必死に誤解を解く努力をして、ようやく会えることになって、二人っきりで楽しい時間を共有できるようになると、元通りの彼女に戻るんですけど、そのプロセスが、もう鬱陶《うっとう》しいくらいにめんどくさいんです」

「そんなことが繰り返し起こるから、最近は学生時代の仲間の集まりにあまり出られずにいます。楽しかったはずの会にも、あとで起こる面倒な事態を考えると出にくくなる。せっかくの学生時代の仲間とも、異常に嫉妬深い彼女のせいで疎遠になってしまう。二人っきりでいれば、とてもいい雰囲気なんですけど、友だちづきあいでここまで制約を受けるのは耐えられないな、という気持ちが正直あって、なかなか決断がつかないんです」

この場合も、Nさんの恋人の異常なほどの嫉妬深さは、心の奥底にある強烈な「見捨てられ不安」によるものとみなすことができるでしょう。

大好きな恋人、心から頼り切っている恋人が、別の女性と楽しげに話しているのを見ると、幼児がお母さんに置き去りにされたようなさびしさに襲われ、不安でたまらなくなるのです。**大切な愛着の対象をだれかに奪われたような気持ちに追い込まれる**のです。

「裏切り者」とか「浮気者」といった非難の声は、そうした彼女の心の叫びを端的にあらわすものといえます。

★ 好きだからこそ詮索し責めてしまう

異常に嫉妬深い恋人に振り回され、困惑し、うんざりする気持ちはよくわかります。

そのようなタイプの人とつきあっていくのは大変なことで、相当な包容力と根気強さを必要とします。

でも、その恋人のほうも、きっと異常に嫉妬深くて相手を苦しめてしまう自分をもてあまし、密かに悩んでいるはずです。

今度は、**異常に嫉妬する側の心理**に焦点を当ててみましょう。

Oさんは、つきあっている恋人に自分の知らない予定があったり、相手の行動がわからなかったりすると、不安でたまらなくなると言います。

「彼が勤務中の時間は大丈夫なんですけど、夜や休みの日で私と会っていないとき、彼がどこでどうしてるかっていう予定を知らされていないと、不安でたまらなくなるんです。それでラインをするんですけど、返信がないとますます不安になって、何度もラインをしまくってしまいます。それでも返信がないと、居ても立ってもいられないような落ち着かない気分になって、電話をかけまくってしまうんです」

「ようやく彼から電話があり、事情を説明してくれると安心するんですけど、彼が迷惑がってるのはわかるし、『会社の上司と一緒なんだから、ラインも電話も無理だよ。トイレに行くふりをして出てきて電話してるんだ。いい加減にしてくれよ！』と、あからさまに怒られたこともあります。こんなことをしてたら嫌われちゃうと思うけど、不安に駆られて同じことを繰り返しちゃうんです」

「この前も、ラインが返ってこないし、電話をしても通じなかったので、不安でじっとしていられなくなったんです。気を紛らそうとテレビをつけても、ほとんど上の空で楽しめないし、インターネットをしても落ち着かないし。

居ても立ってもいられなくなって、とうとう夜中なのに家を出て、彼のマンシヨンの前まで行って、彼の帰りを待ってたんです。そこに帰ってきた彼は、ビックリ仰天。『どうしたの？』と尋ねられ、事情を話すと、普段穏やかな彼も、『そこまでオレのことが信用できないのか！』と怒り出し、さすがに呆れたようで退かれてしまいました。それ以来、ちょっと疎遠になってしまって……」

このように苦しい胸の内を明かす○さんですが、同じように自分自身の抱える「見捨てられ不安」に翻弄《ほんろう》されている人は少なくありません。

好きで好きでたまらないのに、不安に苛まれ、嫉妬に狂い、相手の行動を執拗に詮索し、責めるようなことを口にして、心ならずもケンカになり、相手の気持ちを傷つけてしまう。もちろん自分の気持ちも傷つくし、とても悲しい気分になります。

これほどまでに好きな人をなぜ攻撃してしまうのだろう。

信頼できる人なのに、どうして疑うような行動をとってしまうのだろう。

仲良くしていたいのに、なんで自分からケンカを仕掛けるようなことになってしまうのだろう。そんなふうに悩みつつ、自己嫌悪に陥ります。

「こんなんじゃ嫌われちゃう……」

「こんなことをしていたら見捨てられてしまう……」

と悲惨な気分になります。そして、

「もう、こんなことはしないように気をつけなくちゃ。彼は私のことを思ってくれているし、私は彼のことを信頼してるんだから」

と心に誓います。それなのに、**また似たような状況になると、同じような反応をしてしまいます。**

このような理不尽な行動は、心の深層にある強烈な「見捨てられ不安」が原因です。現実に根拠があるわけではないので、恋人同士のような不安定な関係だけでなく、結婚してからも変わらずに生じ、相手や本人を翻弄します。

相手が疑わしい行動をとっているかどうかといった現実的な根拠に基づくわけでは

なく、本人の心の中から湧き出てくるものなので、非難・攻撃される側としてはどうにも手が負えません。

嫉妬深い恋人や配偶者に悩まされているという人が少なくありませんが、相手は「見捨てられ不安」に脅かされ、自分を見失っているのです。

自分の感情や行動のコントロールができなくなっているので、よけいな心配をしないようにといくら事情を説明したところで、何の解決にもなりません。

本人自身が、自分の心の深層に抱える「見捨てられ不安」をしっかり認識し、それを克服する必要があるのです。

もし、あなたが自分自身の「見捨てられ不安」に気づいたら、今までの自分を振り返って、**「人間関係をこじらせてきた行動パターン」を書き出してみる**といいでしょう。「見捨てられ不安」を抱える人は、同じようなパターンで失敗を繰り返すことが多いものです。

人づきあいにおいて、自分にはどんなクセがあるか、それを自覚することが、問題解決への第一歩になるのです。

束縛すると、相手との距離がますます遠くなる

相手を惹きつける魅力が自分にあると思うことができれば「見捨てられ不安」に打ち克《か》って、冷静に振る舞うこともできるでしょう。

でも、魅力というのは非常に主観的なものなので、人から見て十分魅力ある人柄の持ち主であって、社会的に成功している自信溢れる感じの人であっても、だれかを好きになると、

「もしかしたら、もっと魅力的な人と出会って、そっちに行ってしまうかもしれない」

といった不安を、どこかで感じていたりします。**自分の魅力に自信をもつというのはそれほど困難なこと**と言えます。

表面上はどんなに強がっている人でも、心の中では自信のなさを感じており、

不安を抱えているものです。

　それでも、つきあいが長くなり、二人で過ごすことが日常化して、関係が安定してくれれば、自分たちの関係に自信がもてるようになり、不安に脅かされることがなくなるのがふつうです。

　ところが、心の奥底に強烈な「見捨てられ不安」を抱える人は、結婚という究極の安定した形で結びついてからも、**相手が自分に愛想を尽かせて去っていくのではないか、という不安**に脅かされることになります。


　Pさんは、30代で結婚してしばらくしてから、自分の嫉妬深さによる束縛が原因でご主人との仲が険悪になったことがあります。何とかその危機を乗り切ったものの、それ以来、関係は冷え切っています。

　とてもさびしく思うこともあるけれど、これも自分が悪いのだからと納得し、夫のことを信頼することで、これから少しずつでも関係を修復していきたいと言います。

　30代の頃は、自分の中の不安に駆り立てられるかのように、夫がイヤがるようなことをしたり、夫を束縛しようとしたりして、しょっちゅうケンカになったそうです。

「夫が嘘をついて遅く帰ってきたとか、香水のにおいがしたとか、服に口紅がついていたとか、何か疑いたくなるようなことがあったわけじゃないのに、心配でたまらなくなるんです。それで、浮気を疑ってやたら詰問《きつもん》して、夫を困らせたり。夫がお風呂に入っている間に手帳や携帯電話をチェックしたのがバレて、夫が怒り出したことがあったり……」

「職場に異性の部下がいると知ると、どんな人か、どんなかかわりがあるのかとしつこく訊いたり、営業で女性の部下と一緒に取引先を回ることがわかると、移動中は二人でどんなことを話すのかと詮索したりしてしまうんです。

営業が長引いて遅くなっても、一緒に食事したり飲みに行ったりしないでと頼んだり、けっこう束縛するようなことを言ってました。上司としては、遅くなったら食事くらいご馳走しなければならないことだってあっただろうし、ずいぶん困らせてたんだろうなと思います」

「そんなことをするから、関係がどんどん悪化していってしまう。それで、よけいに心配しなきゃいけないような状況になっていく。怒った夫の帰りが遅くなったり、何か訊いても『いちいちうるさいんだよ』とめんどくさそうに言って、答えてくれなくなったり。それでますます嫉妬や不安に駆られてうるさく問い詰めてしまう。そんな悪循環から抜け出せなくて。何だか、自分から不安な状況をつくっている感じでしたね」

反対に、**妻の嫉妬に困惑している夫の側の愚痴**を聞くこともよくあります。

ある人は、嫉妬深い奥さんと揉《も》めると面倒だから、何か用事があっても絶対に家には電話しないでほしい、どうしてもというときは男性の同僚に電話してもらうようにしてほしい、と同じ部署の女性たちに頼んであると言います。

そこまでいくと、かなりの不自由を強いられており、良好な夫婦関係を維持するのは難しいのではないかと心配になります。

★「自分なりの魅力」にそろそろ気づこう

先ほどのPさんも自覚しているように、「見捨てられ不安」に動かされている人は、相手に何も非がなくても、相手がどんなに信頼できる人であっても、自分の中にある不安によって相手を疑い、攻撃するようなことをしてしまうのです。そうすることで、**自分から関係を悪化**させてしまいます。

そうしたパターンを何度も繰り返すことで、自分の抱える問題に気づいて、できるだけ疑うのはやめよう、嫉妬深くなるのはよそうと自分に言い聞かせるのですが、どうしても自分の心をコントロールしきれず、相手がうんざりするようなことをしてしまいます。

詮索したり、束縛したりするのはよそうと思っても、つい攻撃的な嫌味を言ってしまったりします。たとえば、異性もいる職場の部署の人たちで飲みに行くと

きに、

「今どき職場の部署の飲み会なんてあまりしないのにね」

などと嫌味を含んだ言い方をしてしまいます。

相手を試すようなことをつい言ってしまう人もいます。たとえば、夫が学生時代の仲間たちと集まることになっているのを知ると、同じ日のコンサートのチケットがとれたので一緒に行ってくれないか、などと言って困らせたりします。

これは、相手を困らせるようなわがままを言って、自分をどこまで優先してくれるかを試すことで、不安を打ち消そうとしているわけです。

不安ゆえに、愛されている保証がほしいのです。

でも、こんなふうに嫌味を言ったり、わがままを言って困らせたりしていたら、束縛や詮索同様、せっかくうまくいっている関係をかえって悪化させることになり、根拠のない不安を本当に現実のものとさせてしまうことにもなりかねません。

結局、「**自分には自分なりの魅力がある**」という自信をもつことで、「見捨てられ不安」を克服し、自ら自分を追い詰めるような行動をとらないようにしなければ、何も解決しないのです。

★とても素敵なのに本人は全然自信がない

自信というのは、先ほども指摘したように、きわめて主観的なものです。

ある男性はユーモアがあり話が面白くて、いつも話の輪の中心的存在で、しかもイケメンなため、周囲からはモテモテだろうと思われています。

でも本人は自信がなくて、自分なんか見かけでちょっと気に入られることがあっても、中身がないからすぐに飽きられてしまうといった不安を抱えています。

そういうタイプの男性とつきあっているQさんは、彼が嫉妬深くて、必要以上に自分を束縛しようとするので困っていると言います。

「私は彼とちゃんとつきあっていくつもりだし、ほかの男性なんかに全然興味ないのに、学生時代のサークルの仲間の集まりに出かけると言うと、『男もいるんだろ?』『どんな店なんだ、食べるだけじゃなくて酒も飲むんだろ?』『二次会とか行くのか?』とか、やたらしつこく訊いてくるから、うるさいなあと思っちゃうんです」

「私のことが大好きで焼きもち焼いてるのはわかるんですけど、なんでそんなに疑うのって、腹が立ってくるんです。あまり言われると、こっちは浮気するつもりなんかないのに、そこまで疑うなら浮気してやろうか、みたいな気持ちになることもあったりして。もっと自分に自信をもって、ドーンとかまえていてほしいなって思うんです」

女性にもそういうタイプがいます。見かけも可愛くて魅力的で、話していても穏やかな人柄が伝わってきて、みんなから大人気だろうと想像できるのに、**本人としては、自分に魅力があるなんて思えない**。

学生時代に軽薄そうな男の子から声をかけられることはあったけど、しっかりした男性と向き合ってつきあっていける自信がないと言います。

そういうタイプの女性とつきあっているRさんも、彼女の嫉妬深さには辟易《へきえき》していると言います。

「もともとすごくモテる美人タイプなのに、つきあってみると異常に嫉妬深くてビックリしました。ほかの女の子と笑って喋ってるだけでも、怒り狂って攻撃してきて修羅場になるんです。あんなモテモテ美人が、なんでここまで嫉妬深いんだろうってホントに不思議なんです。僕は何も裏切るようなことをしてないので、そんなことでいちいち大変なトラブルになるなんて、めんどくさくてしようがなくて、もうイヤだと思うことも正直あります」

「ついこの前も、男の友達と飲みに行くって言ってるのに疑っているのか、『女の人はいないの?』『何時にどこで会うの?』『何ていう店に行くの?』としつこいくらいに詮索してくるから鬱陶しくて。しかも、友達と店に入ろうとしたとき、道の反対側に彼女の姿が見えたのにはギョッとしました。まるでストーカーに見張られているみたいで」

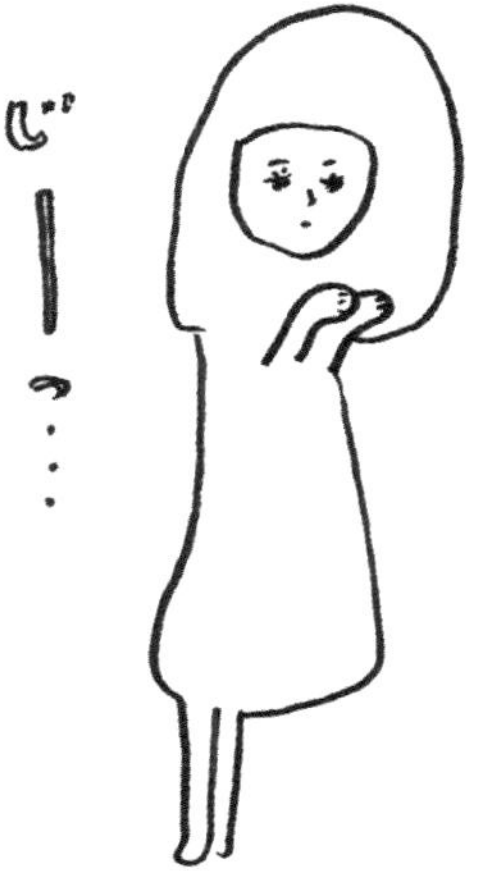

「こっちは何も悪いことしてないのに、本当に疲れて、もう限界かなって思ったりもします」

ここまでくると、この二人の関係は、先が見えていると言わざるを得ません。自信のなさによって増幅された「見捨てられ不安」が異常な嫉妬深さを生み、嫉妬による攻撃性が相手をうんざりさせ、疲れさせます。「見捨てられ不安」の本領発揮です。

心の深層に渦巻く「見捨てられ不安」を克服しないかぎり、自らの攻撃的行動によって、せっかく親しくなった大事な相手を遠ざける結果になってしまいます。

攻撃的行動に出そうになったら、あなたの**今ある不安や恐怖はもう過去のもの、今とは違う**と思ってみてください。

そして、相手を少しずつでもいいので、信じましょう。そうすることで、相手との距離もうまくとれていくはずです。

「太宰治」になぜこんなに惹かれるの？

2章で、人づきあいに気をつかい過ぎて疲れてしまう人の心理に関連して、太宰治の『人間失格』の主人公が、人とどうつながったらよいかわからず、必死に道化を演じることで受け入れられようとしていたという例をあげました。

この作品は、太宰治自身の人生が色濃く反映されているとみなされています。では、『人間失格』の主人公は、なぜそれほどまでに人とつながることに困難を感じていたのでしょうか。そのヒントは、太宰治の生い立ちにあります。

太宰治は、母親の健康上の都合から、生後すぐに乳母の手に委ねられ、1年足らずで乳母が去ったあとは叔母に育てられ、さらに2歳の頃からは子守のタケによって育てられました。そのタケも8歳のときに去ってしまいます。

このように乳幼児期に愛着の対象との間に絆ができたかと思うと引き裂かれるという体験を重ねることによって、太宰治は生涯にわたって「見捨てられ不安」にとらわれることになったのです。


人間は、乳幼児期に養育者との間に安定した愛着関係を築くことによって、

「人は自分に対して好意的で温かい」

「自分は世界から温かく迎えられている」

といった感覚を身につけていきます。これを精神分析学者のエリク・H・エリクソンは「**基本的信頼感**」と名づけて、乳幼児期に達成すべき最重要課題とみなしています。


養育者が何らかの理由によって自分のことで精一杯だったり、ある種の感受性が鈍かったり、精神的に未熟だったりして、乳幼児期に安定した愛着関係が築かれないと、基本的信頼感を獲得することができずに、

「自分は人から受け入れられないかもしれない」

「自分は世界から疎外されている」

といった感覚を身につけてしまいます。これを「**基本的不信感**」と呼びます。精神分析に基礎を置く発達心理学では、乳幼児期に基本的信頼感を獲得することができるかどうかで、その後の対人関係のあり方が決まってくると考えます。

太宰治が、基本的信頼感の獲得に失敗し、「見捨てられ不安」に生涯にわたって脅かされ続けたことは、成人してからの女性関係や心中事件を見ても明らかです。

親密になるにつれて、また自分は見捨てられるに違いないという不安が頭をもたげてきます。

その不安は急激に増大し、耐えがたいほどに膨れ上がってくるため、結局は自分から親密な関係を破壊してしまいます。

それにもかかわらず、というよりもそれ

だからこそ、心の隙間を埋めるべくほかの女性を求めずにはいられないのです。

この世から本質的に疎外され、人間に対する不安と恐怖ゆえの道化によって、かろうじて他人とのつながりを維持することができた太宰治は、道化地獄の中で、絶望的な孤独の叫びをあげています。

太宰治のように、才能に溢れ、見かけもモテる人物であっても、自分に自信がもてず、終生「見捨てられ不安」に脅かされ続けたのです。

太宰治の作品が今なお読み継がれるのは、心の奥底に「見捨てられ不安」を抱え、人から受け入れられるかどうかが不安で仕方がない人が少なからず存在することのあらわれと言えます。

その自信のなさは、客観的に見れば十分自信をもってもよいくらいの魅力を備えているかどうかとは関係なく、幼い頃の愛着関係の不安定さに由来しているのです。


では、幼い頃の愛着関係が不安定だった人は、その後もずっと「見捨てられ不安」に脅え続けなければならないのでしょうか。

いいえ、そんなことはありません。**自分なりの魅力を認識し、「自己受容」をすることで、不安を克服することは十分に可能**です。

ただ、多くの人は、自己受容とは、自分のあらゆる面に納得し、ポジティブに評価することであるかのように勘違いしています。それが自己受容だとしたら、ほとんどだれも自己受容などできないでしょう。

自分はまだまだ未熟者で、至らない点がたくさんある。でも、未熟ながらも一生懸命に生きている。そんな自分を認めてあげよう。

それが「**自己受容**」です。

どんな小さなことでもかまいません。自分は何もできない、と思い込むのではなく、私はこんなことができる、これだけは人より抜

きん出ている、などと自らを鼓舞し、そんな自分自身を受け入れましょう。

自己受容ができていれば、「見捨てられ不安」に踊らされることがなくなり、人づきあいもラクになるはずです。

5章

人にしがみつくのは、もうやめよう

――ひとりぼっちを恐れない

腹が立つのに会わずにいられない!?

お互いにしょっちゅう相手に腹を立て、周囲に不満や愚痴をこぼしているにもかかわらず、離れることなくずっとくっついている。そんなカップルが身近にいませんか？　もしかしたら、あなた自身にもそんな経験があるかもしれませんね。

「もう、ほんとにムカつく。あの人とは感受性が合わな過ぎる」

「こんなこと言うんだよ。信じられないでしょ？　もう、イヤだ」

「人のことを全然考えてくれない。自分の都合や要求ばかり。あんなに自己チューなヤツとは思わなかった」

「ほんとにわがままなんだ。ときどき許せなくなって、大ゲンカだよ」

こんな具合に不満ばかり並べ立ててるから、すぐに別れるだろうと思っていると、そんなことはなく、いつまでも続いている。だからといって関係が改善されたわけではなく、会えば相変わらず相手に関する不満だらけ。こんな人がいます。お互いに相手に腹を立てながらも関係が続いているということは、お互いが強い不満をもちながらも離れるつもりはないということなのでしょう。

単純に考えれば、そこまで感受性が合わなかったり、あまりにわがままで許しがたかったりしたなら、関係を解消すればいいのです。腹が立ってしようがないようなイヤな相手に、無理してしがみついている必要はまったくないわけです。

それにもかかわらず離れることができない。ここにも例の「見捨てられ不安」が深く絡んでいます。

「見捨てられ不安」が強いと、人から受け入れられる自信がないため、どんなに納得のいかない関係であっても、なかなかそれを手放すことができません。**ひとりぼっちになってしまうという怖さがある**からです。

今の関係にどんなに納得できなくても、いざ離れようとすると、永遠にひとりぼっちになってしまうのではないかといった不安に苛まれ、離れることができないわけです。結局、腹の立つ相手であっても、ひとりぼっちになるよりはまし。だれかにすがりついていないと不安。そんな心理が働いているのです。

ろくでもない相手でも、しがみつかずにいられない

何であんなろくでもない相手と一緒にいるのだろう。どう考えたって利用されているだけじゃないか。そう思わざるを得ないことがあります。

ずるい人だとわかっていても離れられない。こちらのことを利用しようとしているだけで、こちらのためを思ってくれているなんてことはまったくないと**痛いほどわかっていながら、離れることができない**。なぜそんなことが起こるのでしょう。

Sさんは、一緒に暮らしている男性が自分を利用しているだけで、とくに愛情などないということをずいぶん前から感じています。

その男性は、勤勉でもなく、根気もないため、何度仕事についても1カ月とも

たずに辞めてしまいます。無断欠勤が続いてクビになったり、職場のだれそれの態度が気に入らない、仕事が合わないと言ってあっさり辞めてしまったり。

「彼に愛情なんてないことはよくわかっています。最近では仕事を探すこともなく、毎日パチンコ屋に入り浸り状態です。朝、私が出勤するときに、彼に小遣いを渡します。沢山渡すといっぺんに使ってしまうので、1日分ずつ渡します。私が出かけたあと、適当な時間にパチンコ屋に向かい、お金をほとんど使い果たすとパチンコ屋を出て、帰り道にある行きつけの喫茶店で遅めの昼を食べながら、馴染みの店主や客と四方山話《よもやまばなし》をして、私が帰宅する頃に帰ってきます」

「このパターンがずっと続いているので、私が働いて彼を養うという形がこの先も変わっていく気がしません。友達からは、そんなしようもない男とは別れたほうがいいって、しょっちゅう言われるんです。一緒にいる意味ないじゃないって。それは私もよくわかるんですけど、どうしても別れる気になれないんです。私が見捨てたら、彼は食べていけないし、これまで一緒にやってきたんだから、そんな無責任なことはできないし……」

Sさんの話を聴いていると、親身になって心配してくれる友達のアドバイスにもかかわらず、別れるつもりはまったくないように感じられます。でも、このようなパターンでは、それは当然と言えます。

なぜ当然なのか。それは、ただブラブラ遊んでいるだけで何の役にも立たないような男と一緒にいることが、Sさんにとっては意味があるからです。

本人は、そんなしようもない男と一緒にいる意味なんかないじゃないという友達の言い分がよくわかると言っていますが、Sさんにとって実は大いに意味があるのです。

本人はまったく意識していないようですが、自分に寄生するだけの彼にとって自分は必要不可欠な存在であるというところに、自分の存在価値を見出しているわけです。**彼にとって自分は利用価値のある存在**となっている。自分は必要な存在になっている。このことが、Sさんにとって大きな支えなのです。

★なぜあの人は〝ダメ人間〟に走るのか？

先のSさんのようなタイプの人は、周囲から、

「なんであんな人とつきあってるの？」

「あんなに意志が弱くて自分に甘い人と一緒にいたら、苦労するのは目に見えてるのに……別れるべきだよ」

と言われるような、ろくでもない相手と一緒にいたがる傾向があります。逆に、周囲から、

「誠実そうでいい感じじゃない」

「しっかりしていて頼もしい人だね」

と言われるような好ましい性質が目立つ相手、自立した相手、しっかりした相手は苦手なのです。

なぜ周囲から一段低く見られるような相手とばかり一緒にいたがり、周囲から好ましい人物とみなされるような相手を無意識のうちに避けてしまうのでしょうか。

実は、ここにも「見捨てられ不安」が深く関係しているのです。

だらしない人、情けない人と一緒にいると、対等なつきあいというよりも、自分が犠牲になって支える役回りを演じることになります。それにより**自分の存在価値を感じる**ことができます。

また、その種の相手といれば、対比効果によって自信をもつことができます。対比効果というのは、たとえば背の高い人たちの中にいると小さく見えても、背の低い人たちの中にいれば大きく見えるというような比較による効果のことです。

Sさんのようなタイプの人が、自信をもって生きている人物、魅力的で輝いている人物を避けようとするのは、対比効果によって自分がちっぽけに感じられる恐れをどこかで感じているからです。

反対に、ダメ人間と一緒にいれば、対比効果によって自分が大きく感じられます。それは錯覚であっても、主観的には自信になります。

そうした**深層心理メカニズム**を自覚していない人が意外に多いのです。

恋人や配偶者がいかにぐうたらで、しようもないかを、しょっちゅう嘆いているのに、周囲から見ると、自分から好んでその手の人とくっついているようにしか思えない。ダメ人間を見捨てない自分に陶酔しているようにさえ感じられる。そんな雰囲気の人もいます。

どうして自分はいつもダメ人間にばかり縁があるのだろう。そんな堕落した人たちとばかりつきあっている自分を変えたいのに、どうしても変わらない。同情してしまうのか、自分が支えてあげたい、支えてあげなきゃ、みたいに思ってしまう。つきあう相手しだいで人生が大きく左右されるというし、何とか人生を上向きにしたいのに、どうしたら変われるのかわからない。そんなふうに悩む人もいます。

このタイプの人が、ダメ人間から離れられないのは、**ダメ人間が見捨てられた不安を和らげてくれるから**です。ダメ人間と一緒にいれば、自分の存在価値が感じられたり、対比効果によって自分に自信がもてたりするということを指摘しましたが、それに加えて、自立できないダメ人間ほど自分から離れていく危険が少ないということがあります。

周囲からすれば、貢《みつ》ぐだけ、あるいは世話を焼くだけの便利な相手として利用されているように見えるし、本人もダメ人間に振り回されて大変だと嘆いているのに、なぜか離れない。そこにはそれなりのメリットがあるわけです。

「自分に自信のない人」ほど、承認欲求が強い

先のSさんのようなタイプの人は、満たされない承認欲求に駆り立てられるかのように、一緒にいてくれる相手にしがみつこうとします。

自分に自信のない人ほど、強い承認欲求を抱えています。

欲求というものを基盤に据えて理論を打ち立てた心理学者のアブラハム・マズ

ローは、**満たされない欲求が人間を行動に駆り立てる**と言いました。

たとえば、お金がなくて食べ物を十分にとっていないため、飢えや渇きなどの生理的欲求に駆り立てられて、置きっぱなしになっている他人のパンや飲み物を盗んでしまうといった行動に出る人がいます。

好意をもってくれる人も愛情を注いでくれる人もいないため、満たされない愛情欲求に駆り立てられて、だれかれかまわず声をかけて、自分のことを愛してくれる人を探そうと必死になる人もいます。

同様に、人から認められることがあまりないため、満たされない承認欲求に駆り立てられて、何とかして認められたいといった雰囲気を前面に出して、自分の有能さや人柄のよさをアピールする人がいます。
概して自分の有能さをアピールしたがる人は、学校時代に有能さを発揮できなかっ

た人や、職場で有能さを認められることの少ない人といえます。

人から有能と認められることがなく、承認欲求が満たされないために、**自分で有能さをアピールするしかない**のです。やたら自慢したがるタイプがその典型と言えます。

ダメ人間とばかりくっつき、そうしたことを周囲に嘆いている人も、満たされない承認欲求に駆り立てられて、自分がいかに寛容な人物であるかをアピールしたり、自分がいかに苦労しながらも頑張っているかをアピールしたりしているのです。

あんな人を相手にしてあげている自分を周囲の人はきっと評価してくれる。そんな思いを潜在的に抱えているのです。

ダメ人間にしがみつくことには、自分の存在価値を見出すというメリットや対比効果によって自信をもつことができるという意味があります。

また、相手が自分から離れていく危険が少ないため、「見捨てられ不安」に脅かされないというメリットがあるばかりか、**アピールの仕方しだいでは承認欲求が満たされる**という効果もあるのです。

「なぜか怒れない、離れられない」深層心理

このように見てくると、相手に腹が立つのに離れられないという心理もよくわかるでしょう。

イヤだということを何度も繰り返したり、約束を何度も破られたりして、本当は怒鳴りまくってやりたいほど腹が立っているのに、

「しようがないわね。今度は気をつけてよ」

「参ったなあ。もうこんなことのないようにしてくれよ」

と冷静を装い、相手を攻撃せずにすまそうとする。**怒って当然なのに、怒ることができません**。

どう見ても相手に非があるわけで、悪びれることもなくケロッとしている相手にそのことをわからせたいという思いはあっても、そこをあまり強く突くと相手

が離れて行ってしまいそうで、それが怖くて文句を言えません。

それでも我慢できなくなって感情を爆発させることもあります。感情のコントロールがきかなくなって、それまでため込んでいたものを一気に吐き出すかのように文句をぶつけて、ケンカになってしまうこともあります。


そんなときも、ちょっと時間がたって感情的興奮が収まると、急に不安が高まってきて、修復に走ります。

明らかに相手に非がある場合でも、とにかく自分から謝って何とか修復しようとします。

いつも自分から謝らないとケンカが終わらないし、相手から謝ることはないのが不満で、ときに意地を張って、すぐには修復に走らずに相手からアプローチがあるまで待とうとすることもあります。

でも、しばらくすると**不安でたまらなくなり、結局、自分から修復に走ること**になります。

しかし、これでは、いつまでたっても幸せを感じることはできません。

自分に自信がないために、常に満たされない承認欲求に駆り立てられて、こうした相手を選んでしまうわけですから。まずは自分に自信をもつことが大事です。

そのために、親しい友達や家族、先輩や上司、行きつけの店のマスター、だれでもよいのですが、**こちらの話を共感的に聞いてくれる相手**を探しましょう。

身近にそのような相手を探すのが難しいなら、カウンセラーに話してみるのもよいでしょう。

自分はこんなに努力している、頑張っているという思いが他人に理解されることによって、承認欲求が満たされれば、自分にとってよりよい人間関係を選択できるようになるはずです。

★ いい人を演じながら、実は不満たらたら

気づかいができて、遠慮深くて、ずうずうしい自己主張などすることはなく、周囲に合わせることができる人。これはまさに日本社会で求められる理想の人物像ともいえます。

このタイプの人は、人からいい人と見られるため、人づきあいもラクにできているのかと思えば、一概にそうとも言えないようです。もともとお人好しで、他人のことをよく考え、利己的な主張を控えるような人はよいのですが、**無理にいい人を演じている人は、大きなストレスをため込んでしまう**のです。

なぜ無理にいい人を演じるようなことをするのか。それは、子どもの頃から人の顔色をうかがうクセが身に染みついてしまっているからです。

Tさんは、母親が情緒的に不安定で、すぐに動揺したり、怒り出したり、泣き出したりするため、幼い頃から親にすら気をつかいながら過ごしてきたと言います。

「今思えば、母はとても精神的に未熟な人だったんですね。思い通りにならないことがあると、すぐに感情的になる。近所の人や親戚の人についての泣き言をしょっちゅう聞かされました。父についての愚痴も毎日のように聞かされました。いつも自分はみんなの犠牲になって損ばかりしているといった感じで話すばかりで、幸せそうな様子を思い出せません」

「母は、自分ではいつも子どものことを考えているよい母親だと思ってるみたいでしたけど、実は自分のことで精一杯で、私が悩んでいることをぶつけても動揺するばかりで、建設的なアドバイスは期待できませんでした。もっと親らしくしてと反抗したこともあったのですが、『お母さんがこんなに苦労しながら一生懸命やってるのに、あなたは恩知らずだ。なんでわが子にもわかってもらえないの』と泣き出したりする始末で、諦めるようになりました」

「そんな母ですから、私がさらに負担をかけるようなことをしちゃいけないっていう思いがあって、私は自分が学校や友達との間で抱えている問題を母に話すようなことはできませんでした。クラスの友達は、みんなお母さんが相談に乗ってくれるというのに、私は逆に母の相談役であり、愚痴の聴き役でした」

「いつも母に負担をかけたり動揺させたりしないようにと様子をうかがいながら過ごしていたせいで、いつの間にか周囲の他人に対しても、自分を抑えて、相手に負担をかけないようにと様子をうかがいながらつきあうスタイルが身についたんだと思います。人からどう思われるかばかり気にし過ぎて自由に振る舞えないのも、そのルーツは母との関係にあるんじゃないかと思うんです」

そんなふうに自己分析するTさんは、つい最近、恋人と大ゲンカをしてしまったと言います。きっかけはほんの些細なことだったそうですが、言い合っているうちに、とうとう怒り出した彼から、

「いい加減にみんなにいい顔するのやめたら？　無理していい人を演じたりするから、いろんな思いをため込みすぎて、一番身近な僕に対してちょっとしたことで爆発するんだよ。こっちはやってられないよ。いつも愚痴ばかり聞かされる上に、こんなことで口論になるなんて」

と言われてしまいました。

そう言われて、Tさんは、小さい頃から母親にさえ甘えられなかったぶんをすべて彼にぶつけていたことに気づきました。そのことを彼に話して、素直に謝ることで、仲直りでき、お互いの理解が深まったようです。

Tさんの場合、母親が情緒的に未成熟な人であったため幼児期の愛着の形成がうまくいかず、「見捨てられ不安」を強く抱えるようになったといえます。

うっかりしたことを言ったら、母親を混乱させてしまう。そんなことをしたら嫌われるかもしれない。そんな思いから、**たえず母親の様子をうかがいながら過ごしてきた**のです。

その対人スタイルが他人にも向けられ、人の顔色をうかがいながらいい人を演じてきたわけですが、それではストレスがたまるばかりです。

そこで、最も身近で甘えを受け入れてくれそうな恋人に対してときどき爆発してしまう。気がゆるむため、うっかり自分の感情的な面やわがままな面を出してしまうのでしょう。これでは自分の最も大切な理解者に、すべての負担を負わせることになってしまいます。

遠慮がちな頃はうまくいくのに、つきあいが深まっていくとケンカがたえなくなり、ついに破局を迎える。そんなパターンを繰り返す人は、心の深層に抱える「見捨てられ不安」に振り回されていると言えます。

周囲の顔色をうかがうだけでなく、**しっかり自分と向き合い、素直に自分を出せるようにする**必要があります。

まずは、ごくごく親しい人にだけにでもよいでしょう。いい人を演じることをやめて、素直に自分を出し合える関係をもつようにする。そうすれば、気持ちもラクになり、そして幸せに生きていくことができるはずです。

★尽くすのは相手のため？　自分のため？

自分は尽くすタイプで、いつも相手のためを第一に考えて行動するのに、なぜか利用されるばかりで、そのうち逃げられてしまう。なんかバカみたい。そんなふうに嘆く人がいます。

本人は、いつも相手本位に生きていて、相手のために尽くしているのに、相手は自分を利用するだけ利用したら逃げていくと、自分を犠牲者のように見ていますが、本当にそうでしょうか。相手は、そのようなつきあい方で果たして幸せなのでしょうか。

実は、ここでも心の深層にある強烈な「見捨てられ不安」が暗躍しているのです。

相手が逃げ出すほどの尽くし方。それは、もちつもたれつとか、お互いさまといった相互的な関係ではなく、「これでもか、これでもか」というように一方的に尽くしていくようなやり方のはずです。

相手のために尽くしていれば離れて行かないだろうという思いから、ひたすら尽くす。それが度を越しているから、相手は鬱陶しく感じる。尽くしてくれているのはわかっても、何だか束縛されているようで、窮屈でしようがない。

そこで、ちょっと距離を置こうとすると、何が何でも放さないといった感じでますます尽くされ、窒息しそうな圧迫感を感じる。

それでも、こっちのために尽くしてくれているのだからと考え、我慢しようとするが、もうどうにも耐えられなくなって逃げ出す。こういったパターンが繰り返されるわけです。

結局、このような尽くし方は、本当は**相手のためを思ってのものではなく、自分のためのもの**なのです。

自分を脅かす「見捨てられ不安」をかき消すために尽くすのです。相手のために生きているなどと言いながら、実は自分のためにしか生きていない、自分のことしか見えていないのです。

そんな独りよがりの尽くし方をするタイプは、相手からすれば鬱陶しいばかりです。

そして距離を置こうとすれば、「こんなに尽くしているのに」と嘆かれたり、責められたりする。そのしがみついてくる雰囲気が恐ろしく感じられることさえあります。これでは本当に親密な関係にはなれません。

やはり心の奥底にうごめいている「見捨てられ不安」を自覚し、それを克服することが大事です。

まず、**今自分がしようとしていることは本当に相手のため？** と自問してみましょう。

そして、自分が相手の立場だったら……と考える〝クセ〟をつけることで、あなた自身も変われるはずです。

6章

「孤独になる」とは「自由になる」こと

——あなたらしい生き方が必ず見つかる

自分の孤独を見て見ぬふりしてませんか？

孤独を感じている人は、周囲の人を見て、

「あんなふうにだれとでも気軽に喋れる人はいいなあ」

と羨ましく思いつつ、

「なんで私は、もっと気軽に人に話しかけられないんだろう」

「こんなに孤独なのは自分だけだ」

と、悲観的な気分になりがちです。

でも、だれとでも気軽に言葉を交わすことができる人も、けっして孤独と無縁ではないのです。むしろ孤独感に苛まれながらも、それによる不安を振り払おう

と、必死になって人間関係をつくろうとしている人も少なくありません。

たえず人と喋っていることで気が紛れ、孤独な自分を忘れることができる。一人になると孤独な自分を意識してしまい、不安が高まる。ゆえに、できるだけ一人にならないように、人づきあいに励む。そんな心理メカニズムが働いているのです。また、手帳がだれかと会う予定で埋まらないと落ち着かないという人もいます。空いている日があると、とりあえずだれかと連絡を取って予定を入れようとする。そのような人も、孤独な自分をどこかで感じているため、一人になることを恐れ、人づきあいによって気を紛らそうとしているのです。

結局、**だれもがみんな、〝孤独〟**なのです。孤独な人間がどうしたら少しでも快適に生きていくことができるか。どうしたら充実した日々を送ることができるか。そこが問題なのです。

実存心理学者のロロ・メイは、社交というものの虚しさについて、つぎのように指摘しています。

「パーティでおなじ顔ぶれに会い、おなじカクテルを飲み、おなじ話題について語り、時には話題にことかくという状態を繰り返しながら、そのパーティをあきもせず続けているという事実にはきわめて重要な意味がある。大切なのは、話されている内容それ自体ではなく、なにかが、たえず話されているということである。沈黙は、大きな罪悪なのである。というのは、沈黙は孤独と恐怖を招くからである。自分の話すことにあまり多くの内容をくみとったり、深い意味を含ませてはならない。すなわち、あなたは、自分の口にすることばについて、理解しようとしないとき、かえって有効な社交の機能を果たすからである。」
（ロロ・メイ著作集1『失われし自我をもとめて』小野泰博訳　誠信書房）

こうしてみると**どんなに社交的な人であっても、実は孤独を恐れるあまり、だれかと一緒にいないと不安で仕方がない**ともいえるのです。

ロロ・メイは、アメリカ人らしくパーティを例にあげていますが、日本ではパーティという大げさなものでなくても、お茶をしているときやちょっとした飲み会のお喋りで、同じような虚しさを感じることがあるのではないでしょうか。話されている内容にとくに意味があるわけでもなく、ただ何かが話されているということによってホッとしている。そんな場面をだれもが経験しているはずです。

★「あの頃に戻りたい」気持ちも孤独感

個別性の自覚は、ときに孤独地獄の深淵を垣間見させることがあります。

個別性の自覚による孤独感を究極まで突き詰めてみると、この世に生まれたことのさびしさ、生の原点からしだいに離れて行かざるを得ないことのさびしさに行き着きます。いわゆる**胎内回帰願望**を生じさせるのも、個別性の自覚による孤独感だといってよいでしょう。

胎内回帰願望とは、生まれる前の何の苦労もなかった安楽な時代に戻りたいといった退行《たいこう》的な願望のことです。退行というのは、子ども返りを意味します。

現実を生きていると、思い通りにならないことばかりで、ちょっと疲れて弱気になったときなど、現実の厳しい荒波にまださらされていなかった子ども時代を懐かしみ、

「昔はよかった」
「あの頃に帰りたい」
と、ふと思うことがあるものです。

つぎに示す中原中也の詩には、生きることに伴うさびしさと胎内回帰願望が漂っています。

「汚れつちまつた悲しみに
今日も小雪の降りかかる
汚れつちまつた悲しみに
今日も風さへ吹きすぎる
（中略）
汚れつちまつた悲しみに
いたいたしくも怖気づき
汚れつちまつた悲しみに

なすところもなく日は暮れる……」
（「汚れつちまつた悲しみに……」『山羊の歌』より　中原中也全集第一巻　角川書店　所収）

「思へば遠く来たもんだ
十二の冬のあの夕べ
港の空に鳴り響いた
汽笛の湯気は今いづこ
（中略）
それから何年経つたことか
汽笛の湯気を茫然と
眼で追ひかなしくなつてゐた
あの頃の俺はいまいづこ
（中略）
生きてゆくのであらうけど

遠く経て来た日や夜の
あんまりこんなにこひしゆては
なんだか自信が持てないよ

さりとて生きてゆく限り
結局我ン張る僕の性質
と思へばなんだか我ながら
いたはしいよなものですよ

（後略）」

（「頑是ない歌」『在りし日の歌』より　中原中也全集第一巻　角川書店　所収）

★「一緒」という幸せ、「ひとりぼっち」という幸せ

自分はどこのだれとも違う独自な人生を歩んでおり、自分の人生は自分で背負っていかなければならない。

そのように個別性を自覚することで、無性にさびしくなり、ときに胎内回帰願望に突き動かされて感傷的になったりもします。

それでも現実を生きていかなければなりません。ひとりぼっちではあまりに心細いため、孤独な人生を一緒に歩んでくれる親密な関係を求めます。

でも、一体感を求め過ぎると幻滅に行き着かざるを得ません。相手には相手の世界があり、考えることも感じることもこちらとは違います。

そこで大切なのは、**ほどよい距離感をもった親密な関係を築いていくこと**です。

相手と自分は、どんなに親しい間柄であっても、けっして一心同体なんかではない。

生まれてから出会うまで、まったく別々の人生を歩み、まったく違った経験を重ねてきたわけだから、お互いにわからないことがたくさんある。

だからこそ、相手の個性を尊重する気持ちが必要だし、相手をわかろうとする気持ちが必要なのです。

一体感への幻想を抱えている人は、相手が自分のことをわかってくれないときや、自分が期待するような反応をしてくれないとき、

「なんでわかってくれないの」

と、裏切られたような気持ちになり、拗《す》ねたり、攻撃的な反応を示したりします。

そんな態度をとられても、相手は困ってしまいます。悪気があるわけではなく、本当にわからないのだから。

せっかく親しい相手ができたのに、やたら不満が多い人もいます。それは、**求**

めてばかりで、与えることを忘れているからです。そんな〝自己チュー〟な姿勢では、親密な関係もすぐに破綻してしまいます。

　こっちを見ていてくれない、気づかってくれない、わかってくれないと不満を言う人に、

「あなたは相手のことをしっかり見てあげていますか？　わかってあげていますか？」

と問いかけると、ハッと気づきます。

　要求がましい思いばかりで、相手にしっかりと関心を向けて気づかうということができていないのです。

　自分のことで精一杯になり、こっちを見てほしいといった要求ばかりで、相手のことをちゃんと見ていないのです。

　そのような利己的なスタイルでは、本当に親密な関係は手に入りません。求めるだけの自分から脱却する必要があるのです。

孤独を楽しめると、人は魅力的に見える

たえずだれかと一緒でないと不安な人。仲間と群れていないと不安な人。そのような人は、自分ではコミュニケーション力があり、みんなとつながっていると思っていることが多いようですが、周囲からは不安定で頼りない人というようにネガティブに見られがちです。

いつも群れてばかりで、自分の世界をもっていない。そのことが魅力を感じさせない理由といってもよいでしょう。

一人でいるのが不安で、こちらに寄りかかってくるような人といると、ときに鬱陶しくなることがあるものです。頼ってくれるのは嬉しいものの、不安な気持ちがありありと感じられるため、一緒にいても楽しくありません。

それに対して、一人でいることができる人は、気持ちに余裕があります。その

気持ちの余裕が魅力にもなるのです。

趣味を楽しんだり、好きな勉強をしたりして、自分の時間を充実させることができている人は、人と一緒のときもベタベタすることなく適度な距離感がありま す。寄りかかってくるような圧迫感がなく、ごく自然につきあうことができます。それがまた魅力にもなるのです。

「一人の時間」を大切にすると、人生が充実する

気持ちが不安定な人とかかわると、ちょっとしたことで傷ついて落ち込むので、どうしたらよいか困ってしまうことがある。そんな相談をよく受けます。

こちらは親切のつもりでしたことが相手の気に障ったようで、気分を害して攻撃的な態度をとるので、手に負えないと思うことすらあります。ひどいときには、

逆恨みされてしまうこともあります。

そのため気持ちが不安定な人は、ときに、ややこしい人として敬遠されがちです。その結果、気持ちの不安定な者同士がまとまることになってしまいます。

そうなると愚痴やら不満やらネガティブな思考やらが渦巻く世界にはまっていきます。これではいいことは何もありません。そんなネガティブな世界にいるとしたら一刻も早く抜け出さなければなりません。


人が安心してつきあえる人、積極的にかかわりをもちたいと思う人、それは、自分の世界をしっかりともっている人です。自分の世界をもっている人は、安定感を感じさせます。

何か没頭できる趣味や一人で気晴らしができるような楽しみをもつ。そうなれば、ゆったりとした安定感が出てきます。それが周囲の人に対して魅力を発することになります。

一人でいられる能力。それが人に対する魅力にもなり、親密な関係をつくっていく能力にもなるのです。

反対に、一人でいることができない人は、その不安定さゆえに人からも警戒されるし、依存度が強いため、個としての魅力が感じられず、親密な関係がなかなか手に入りません。

親密な相手がほしいのにできないという人は、まずは一人で楽しめる手段をもつようにしましょう。

一人で充実した時間を過ごせるようになることです。それができれば見た目にも安定感が漂うようになり、つきあってみたいという魅力を発するようになるはずです。

★「自信がない」のはお互いさま

本当にいい人と、無理していい人を演じている人は、ちょっとつきあってみればすぐに見分けられます。いい人を演じている人は、無理しているだけに不自然なところがあり、ぎこちなさが漂います。だからといって、いい人を演じている人がダメな人間だということではありません。

人のことを考えずに自分勝手に振る舞う〝自己チュー〟な人と比べて、人のことを配慮する心構えをもっているぶん、ずっとましでしょう。いい人に見られたいと思っていれば、あからさまに身勝手なことはできません。

でも、残念なことに、いい人を演じる人は、周囲の人の目には魅力的に映りません。

その他人の目を気にする、おどおどして萎縮した感じが、

「いい人なんだけど、いまいち惹かれないんだよね」

といった印象を与えてしまいます。

ではどうしたら、いい人を演じている人が、本当にいい人、そして魅力的な人になれるのでしょうか。その秘訣は「自己評価の向上」にあります。

いい人を演じてしまいがちな人は、人から肯定的に評価される自信がないため、

自分をさらけ出すことを恐れます。

うっかり自分を出すと、ネガティブに評価されてしまうと思うからです。そこで自分を抑え、無理やり我慢して、相手に合わせることに徹するわけですが、それでは親密な関係になることはできません。

自分を出していないことは、相手にすぐに見抜かれます。

仮に相手が親密な間柄になりたいと思っていたとしても、自分を出さない防衛的な姿勢を前にすると、気持ちが触れ合わないもどかしさを感じるはずです。やはり無理なく自分を出せるようでないと親密な関係にはなりません。

なぜ自分が出せないかといえば、深入りすると自分みたいな人間は愛想を尽かされてしまうと思い込んでいるからです。

なぜそんなふうに思うのかというと、自信がないからです。自己評価が低いからです。その自信のなさが、魅力を感じさせない大きな要因になっています。

自分を見透かされる不安に打ち克《か》つには、自己評価を高めることが必要です。

「自分の長所」にもっと注目しよう

自己評価が低いために自分を出せない人は、自分は人から好かれるような人間じゃない、なんの取り柄もないつまらない人間だ、というような根拠のない信念に苦しめられています。その根拠のない信念が、人と親しくなるのを妨げています。

なぜ根拠のない信念なのかというと、**何の取り柄もない人間などいない**からです。だれにも短所はありますが、長所もあります。

自分を見透かされる不安に脅かされている人は、自分自身のネガティブな面にばかり目を向けがちです。でも探してみれば、ポジティブな面もいろいろあるはずです。もっと自分の長所にも目を向けてみましょう。

たとえば、これまでに**人から褒められたこと**を思い出してみましょう。
最近の経験だけでなく、子ども時代に人から言われたことなども思い出してみてください。あらためて振り返ってみると、人からポジティブな言葉を投げかけられたこともあったと気づきます。

「気が利くね」
「やさしいんだね」
「上手だなあ」
「ていねいにやってるね」
「テキパキしてるね」
「我慢強いなあ」
「根性あるじゃないか」
「いつも明るいね」
「笑顔がいいね」
「落ち着いてるね」
「説明がわかりやすいなあ」

人によって言われることはさまざまですが、このようなちょっとしたコメントを思い出してみるだけでも、自分にもよいところがあるじゃないかと思えてきます。

なんの取り柄もないつまらない人間だから魅力がないのではなく、そのように思い込んでいるから周囲の人も魅力的に感じないのです。まず、その思い込みを捨てましょう。

もちろん短所や至らないところもあって当然です。あらゆる点でポジティブな評価が得られるような人などいません。

心理学では自己受容が大切だと言いますが、それは155ページでも説明したように、短所や至らないところも含めて自分を受け入れることです。

カウンセリングでも、悩みを抱えている人や自分に自信をもてない人が自己受容できるようになることを目標にします。

自己受容できており、ポジティブに生きる人に人は惹かれます。自己受容ができるようになれば、これまでのさびしい世界が一変し、豊かな人間関係が手に入ります。

★ポジティブな感情で過ごすコツ

自己受容のために最も大事なこと、それは、**短所をコンプレックスにしないこと**です。

先ほども指摘したように、短所はだれにもあるものです。それをコンプレックスにしないためのコツは、**短所についての事実と感情を切り離す**ことです。

自己評価の低い要素はだれにもあるものですが、それを受け入れている人は、低い評価をしているものの、ネガティブな感情はもっていません。

ところが、自己評価の低い部分がコンプレックスになっている人は、低い評価にネガティブな感情を絡ませています。そこが問題なのです。

具体的な例をあげて説明しましょう。

たとえば、運動音痴で足が遅いとします。ここには「自分は足が遅い」という事実があり、走る能力に対する低い自己評価があります。

この低い自己評価に対して、「恥ずかしい」「みっともない」「みじめだ」といったネガティブな感情を付着させると、コンプレックスが形成されます。そのような人は、運動会やスポーツの話題はできるだけ避けようとするでしょう。

それに対して、低い自己評価にネガティブな感情を付着させていない人は、自分が足が遅いことを気にしていないため、運動会やスポーツの話題にも積極的に加わることができます。

ときに、自分がいかに足が遅いかを冗談めかして話して笑いをとることさえできます。

このように、ネガティブな感情がないと、足が遅いという事実を素直に受け入れることができます。

だからといって、自分の人間としての価値が低くなることはないし、恥じることはないと思えるからです。

同様に、口ベタな自分というのがコンプレックスになっている人は、「どうせ自分なんかと話しても楽しくないだろう」といった思いが強く、人と話す場面を極力避けようとします。口ベタだからと非常に肩身の狭い思いをしなければなりません。

一方、口ベタな自分を受け入れている人は、自分は喋るのが苦手だから聴き役に回ればいいと開き直れるため、人と話す場面を脅威に感じることはなく、ふつうに人と接することができます。

このように、コンプレックスとは、低い評価にネガティブな感情を付着させている状態を指します。

無理なく人とつきあっていくためには、自分の短所をコンプレックスにしないことが大切です。

低い評価にネガティブな感情を付着させない。**事実は淡々と受けとめる**ことにして、それに感情的に反応しない。このことを意識するようにしましょう。

★あなたにしかない魅力は必ずある！

人づきあいが苦手、人づきあいに気をつかい過ぎて疲れる。それでも何とか人間関係を無難にやっていければよいのですが、中には、つきあいが深まるといつもこじれて、結局、仲違いしてしまうという人がいます。

そのような人を見ると、「見捨てられ不安」に踊らされているケースが多いようです。嫌われたくなくて、無理をして相手に合わせ過ぎて、ついに爆発してしまう。

相手の好意や愛情を信じることができず、つい試すようなことを繰り返して、相手をうんざりさせてしまう。こういったことは、自己受容ができていないことに起因します。

自己受容ができていれば、「見捨てられ不安」に踊らされることがなくなり、人づきあいもラクになります。

あなたのこれまでの人間関係を振り返って、**人間関係が壊れるパターン**を書き出してみましょう。

仲良くしていたのに、いつの間にか疎遠になった。はじめのうちはうまくいっていたのに、そのうちケンカがたえなくなって、とうとう関係が破綻してしまった。相手に遠慮して合わせているうちは関係がよかったのに、ストレスを感じるようになり、言いたいことを言うようになったら、険悪なムードになっていった。

そのようなケースを並べてみると、似たようなパターンを繰り返していることがわかります。そこに自分の人づきあいの〝クセ〟があらわれます。

自己受容ができていないと、必要以上に人のことが気になり、ときに不当に人を攻撃してしまったりします。

たとえば、自分のことを受け入れられないことによる不満やイライラを紛らすために、人のことをやたらとこき下ろす人がいます。

そこには、**他人の価値をおとしめることによって、相対的に自分の価値を引き**

上げようという心理メカニズムが働いています。自分のほうがまだましだと思えるわけです。そんな攻撃的な気持ちをしょっちゅう周囲に向け、バカにするようなことを言ったり、自慢したりしていると、周囲から敬遠されてしまうでしょう。

相手を信頼できずに、わがままを言って試すようなことをする人もいます。異常なくらいに嫉妬深くて、相手が窒息しそうに感じるくらいに束縛しようとする人もいます。相手は振り回され、疲れてしまい、ついには逃げ出したくなってしまいます。

このような行動に出てしまうのも、自己受容ができていないからです。こんな自分が好かれるはずがない。きっと逃げていってしまうに違いない。そんな不安な気持ちから、つい試すようなことをしたり、束縛しようとしたりしてしまうのです。このように自己受容ができていないと、せっかくの親密な関係も自分から壊してしまうことになりかねません。

自分を受け入れている人は、人に対しても受容的なものです。人のことをあれこれ悪く言ったり、ちょっとしたことでケチをつけるようなことを言ったりする人がいますが、それはまさに自己受容ができていない証拠です。

自己受容ができていれば、人に対して大らかになれるはずです。

カウンセリングでも、面談の回数を重ね、自己受容ができてくるにつれて、人に対する不満や攻撃が少なくなっていきます。自己受容と他者受容は並行して進んでいくのです。

まずは自己受容！　あなたには、あなたにしかない魅力が必ずあるはずなのですから。

★思い切って自然体の自分を出してみる

親しく話せるようになったと思っていると、つぎに会ったときになぜかよそよそしい。この前、あんなに打ち解けて喋ったのに、表情が硬いし、言葉づかいもていねい過ぎて、何だか距離を感じる。何か怒らせるようなことを言ってしまったたろうかと気になるが、あのときの様子を思い出しても、失礼があったとも思えない。そんな相手がいるものです。そのようなケースでは、とくにこちらが失礼なことを言ったというわけではなく、打ち解けて話したことで、向こうの「見捨てられ不安」が活性化したのが原因と言えます。

つい調子に乗って自分を出し過ぎたと思い込み、不安が強まっているのです。思うことを率直に喋ったり、自分のことを話したりしてしまったため、相手から変に思われていないか気になってしようがないのです。

おかしなヤツだと思われていないか。不安な内面を覗《のぞ》かれてしまったんじゃないか。バカにされたり、心の中で笑われたりしていないか。そんなことが気になるのです。

このような人は関係が深まりかけると不安になり、つぎに会ったときによそよそしい態度をとり、親しくなるチャンスを失ってしまいます。せっかく親しい間柄になりかけても、自分から相手を遠ざけてしまいます。

自己受容ができるようになって「見捨てられ不安」を克服するには、**まず思い**

切って自分を出してみることが必要です。

35ページでも述べたように、心を開くことを心理学では「自己開示」と言いますが、自己開示が相手の好意を引き出すことは、多くの心理実験によって証明されています。

ときに心を開いたことによって傷つくこともあるかもしれません。そんなことを考えていたのかとバカにされたり、他人に笑いながら言いふらしていたことがわかったり、そんな重たい話にはつきあえないといった感じで退かれたり。

でも、気にすることはありません。こちらが心を開いたことで、バカにしたり、笑ったり、遠ざかったりするような相手は、親しくつきあう価値のある相手ではありません。そのことが早めにわかっただけよかったと言えます。それを踏まえて、距離のあるスタンスでつきあえばよいのです。

実際、思い切って自己開示をしてみると、案外快く受け入れられ、自信がつくものです。それは、だれもが心の底に「見捨てられ不安」を抱えており、人からどう思われるかを気にしているため、相手が心を開いてくれると嬉しくて、好意的感情を抱くのがふつうだからです。

こんな自分でも人から受け入れてもらえる。そう思えることで自分自身を受け入れられるようになっていきます。

遠慮なく自分を出し合える相手がほしいのならば、思い切って自分を出してみましょう。それに対する反応を見ることで、親しくつきあうことのできる相手かどうかがわかります。

★みんなに好かれなくてもいいじゃない！

人から嫌われたり、敬遠されたり、イヤな態度をとられたりするのは、けっして気分のいいものではありません。

でも、こちらがいくら敬意をもって接しても、好意的に接しようとしても、ネガティブな反応しか返って来ない相手というのがいるものです。

それは仕方のないことです。〝相性〟という言葉があるように、だれだって苦手な相手がいるものです。合う・合わないというのがあるものなのです。

相手から誤解されている、こっちのことをちゃんとわかってもらえていないと思って、いろいろアプローチをしてわかってもらおうと努める。それは大事なことですが、それでもわかってもらえないこともあります。

価値観が違ったり、性格が極端に違っていたりすると、なかなかわかってもらえないこともあります。そのときは、自分を責めたり、相手を責めたりせずに、諦めることです。

みんなから好かれようなどと思っていない人ほど、何でも言い合える親密な相手がいるものです。

合う相手もいれば、合わない相手もいる。自分のことをわかってくれない相手だっているだろう。それは仕方のないことだ。

そのように開き直っていれば、相手の反応を気にし過ぎてビクビクすることもありません。ゆえに、思い切って自分を出すことができます。それで相手がネガティブな反応を示せば、距離を置いたつきあいにとどめればいいでしょう。

実際には、心を開いた相手をあざ笑ったり、冷たく突き放したりする人は案外少ないものです。思い切って自分を出せれば、相手との距離が縮まり、親密な関係に一歩前進することのほうがずっと多いはずです。

反対に、みんなから好かれなければと思っている人は、嫌われないように自分を抑え、相手に気をつかって合わせようとし過ぎるため、かえって人との間に距離ができてしまい、だれとも親密になれないといったことになりがちです。

みんなから好かれたいと思うことで、かえってだれとも親しくなれないという逆説的な罠《わな》にはまってしまうのです。

みんなから好かれようなどと思わないこと。**合う相手、合わない相手がいて当然だと割り切る**こと。それが親密な相手を手に入れるコツなのだということを忘れないようにしましょう。

（了）

本書は、小社より刊行した『孤独は、チャンス！』を、
再編集のうえ、改題したものです。

知的生きかた文庫

孤独《こどく》を楽《たの》しめる人《ひと》こそ、人生《じんせい》うまくいく！

著　者　　榎本博明（えのもと・ひろあき）
発行者　　押鐘太陽
発行所　　株式会社三笠書房
〒102-0072　東京都千代田区飯田橋3-3-1
https://www.mikasashobo.co.jp
印　刷　　誠宏印刷
製　本　　若林製本工場

ISBN978-4-8379-8892-2 C0130

本書へのご意見やご感想、お問い合わせは、QR コード、
または下記 URL より弊社公式ウェブサイトまでお寄せください。
https://www.mikasashobo.co.jp/c/inquiry/index.html

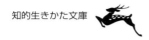

知的生きかた文庫

人生うまくいく人の感情リセット術

樺沢紫苑

この1冊で、世の中の「悩みの9割」が解決できる！　大人気の精神科医が教える、心がみるみる前向きになり、一瞬で「気持ち」を変えられる法。

されど日記で人生は変わる

今村 暁

時間はたったの1分、書くことはたったの5つ——それだけで、あなたの思考、習慣、行動が好転する！「能力開発」「習慣教育」のプロが教える、もっともシンプルかつ強力な「自己改革メソッド」。

仕事も人生もうまくいく整える力

枡野俊明

まずは「朝の時間」を整えて、体調をよくすることからはじめよう。シンプルだけど効果的——心、体、生活をすっきり、すこやかにする、98の禅的養生訓。

コクヨの結果を出すノート術

コクヨ株式会社

日本で一番ノートを売る会社のメソッド全公開！　アイデア、メモ、議事録、資料づくり……たった1分ですっきりまとまる「結果を出す」ノート100のコツ。

頭のいい説明「すぐできる」コツ

鶴野充茂

「大きな情報→小さな情報の順で説明する」「事実＋意見を基本形にする」など、仕事で確実に迅速に「人を動かす話し方」を多数紹介。ビジネスマン必読の1冊！

C50490

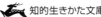